Ernst Erwin Victor Krause

Geschichte des Institutes der Missi Dominici

Ernst Erwin Victor Krause

Geschichte des Institutes der Missi Dominici

ISBN/EAN: 9783743656864

Hergestellt in Europa, USA, Kanada, Australien, Japan

Cover: Foto ©ninafisch / pixelio.de

Weitere Bücher finden Sie auf **www.hansebooks.com**

GESCHICHTE

DES

INSTITUTES DER MISSI DOMINICI.

INAUGURAL-DISSERTATION

ZUR

ERLANGUNG DER DOCTORWÜRDE

DER

PHILOSOPHISCHEN FACULTÄT DER UNIVERSITÄT LEIPZIG

VORGELEGT

VON

VICTOR KRAUSE

AUS STRIEGAU.

INNSBRUCK.
DRUCK DER WAGNER'SCHEN UNIVERSITÄTS-BUCHDRUCKEREI.
1890.

MEINEM HOCHVEREHRTEN LEHRER

HERRN PROFESSOR DR. WILHELM ARNDT

IN DANKBARKEIT GEWIDMET.

Einleitung.

Das fränkische Reich[1]) unterscheidet sich von den übrigen germanischen Reichen dadurch, dass es kein Stammesreich ist. Die fränkische Verfassung ist deshalb keine Stammesverfassung, sondern eine Reichsverfassung.

Die fränkische Verfassung ist keine demokratische, sondern eine monarchische: der König bildet nicht die Spitze, sondern den Inhalt der Verfassung; nicht der im concilium versammelte populus, sondern der König ist der Träger der Souverainität.

Deshalb sind die Beamten des Reiches nicht Volksbeamte, sondern königliche Beamte. Sie sind als solche dem König gegenüber nicht berechtigt, sondern nur verpflichtet. Daraus folgt, dass der König seine Beamten willkührlich ein- und absetzen, auf ihre Hilfe verzichten, die ihnen übertragenen Regierungsrechte wieder an sich ziehen kann. Der König ist berechtigt, die Regierungsgewalt, mit Umgehung der von ihm eingesetzten ordentlichen Beamten, auf ausserordentlichem Wege, in eigener Person oder durch seine eigens dazu Bevollmächtigten auszuüben.

---

[1]) Die von Sohm, Altdeutsche Reichs- und Gerichtsverfassung I. gewonnenen Resultate werden vorausgesetzt. — Zur Citierungsweise bemerke ich: Die Seitenzahl hinter einem Kapitular verweist auf den I. Band der Kapitularien-Ausgabe von Boretius, die Nr. auf den erscheinenden, von mir bearbeiteten 2. Band; P. mit der Zahl auf die von Pertz besorgte in M. G. Ll. I; die Seitenzahl hinter einer Formel auf die Ausgabe von Zeumer in M. G. B und M. mit der Zahl verweisen auf die Nummern in den Regesten von Böhmer und Mühlbacher.

Diese Delegierten sind die missi regis oder missi dominici [1]. Das Wort „missus" ist die wörtliche Uebersetzung des ahd. bodun [2], und bedeutet zunächst nichts weiter als „Bote", welcher im Auftrag seines Herrn eine Botschaft „missaticum" [3] auszurichten hat. Deshalb können die Quellen ebenso gut von dem missus eines Presbyter [4], Abtes [5], Bischofs [6], Erzbischofs [7], Papstes [8], wie von dem eines Grafen [9] und Herzogs [10] sprechen, ebensogut von dem missus des fränkischen Königs, wie von dem einer auswärtigen Macht [11]; deshalb können sie das Wort missus gleichbedeutend gebrauchen mit nuntius und legatus [12].

Aus dieser verschiedenartigen Verwertung und Verwendung des Wortes geht zugleich hervor, dass der Inhalt des missaticum hierbei nicht in Betracht kommt: jeder, überhaupt mit einem Auftrag versehene Bevollmächtigte ist ein missus [13].

Als solcher ist er, insofern als sein Herr durch ihn an seiner Statt irgend ein Geschäft ausführen lässt, dessen Stellvertreter, welcher in vice domini zu handeln hat [14]. Daraus erklärt sich, dass missus

[1] Ueber die verschiedenen Namen vgl. Waitz, Deutsche Verfassungsgeschichte 3², 442 f. [2] Hlud. Cap. legg. add. p. 381: aut per comitem aut per missum ejus distringatur — athe thurneh then granum athe thurneh bodun sinen. Vgl. Thudichum, Die Gau- und Markverfassung in Deutschland 58. [3] S. die Stellen bei Waitz 3², 457 Nr. 3. Dazu: Leo III. ep. 2 bei Jaffé, Biblioth. rer. Germ. 4, 314, Jaffé, Reg. pont. Nr. 2516; Kar. II. capitula ad Francos 856 P. 448 f.; Hincmar: Ann. ad a. 861, 865, 866, 869 SS. 1 456, 467, 472, 486; Mansi Concil. 16. 579; Flodoard, Hist. Rem. III, 26 SS. 13, 543; Form. Salzburg. Nr. 39 p. 448. [4] Lex Alamann. XXI. LL. 3, 51: aut ipse presbiter requirat aut missus eius legitimus. [5] M. G. Dipl. 54 Nr. 60; Conc. Vernense 755 p. 34 c. 6; Bouquet 8, 469, B. 1571; die missi der Klöster, welche negotiandi causa durchs Reich reisen, werden fast in allen Zollprivilegien erwähnt, so dass ein Hinweis darauf genügt. [6] Auch hierfür sind die Beispiele so zahlreich, dass ich mich mit einigen begnügen kann: P. 496 c. 31; Nr. 218 c. 3. P. 536 l. 25; Meichelbeck, Hist. Frising. 1b 161 Nr. 302; 222 Nr. 417; Mansi 16, 579; Memorie di Lucca 4b app. 67, Nr. 52; 68 Nr. 53; 5b 202 Nr. 339; 368 Nr. 615; Form. 524 Nr. 10; 532 add. [7] Boretius p. 342; P. 498 c. 36; Form. 536 Nr. 9; Hincm. Opp. Migne 126, 496. [8] Vgl., abgesehen von den vielfachen Erwähnungen in dem Briefwechsel der fränkischen Könige mit den Päpsten, Boretius p. 25 c. 1; P. 535 c. 6; Ann. Lauriss. ad a. 773, 781 SS. 1, 150, 160. [9] Sohm I. 508 f. [10] Lex Alamann. XXIV, XXX. LL. 3, 53 f.; Lex Baiuv. add. IV. c. 14 LL. 3, 459; Ann. Lauriss. ad a. 787 SS. 1, 170; Poeta Saxo l. c. 242. v. 12. [11] Ann. Lauresh. ad a. 792 SS. 1. 35; Ann. Guelf. ad a. 799 l. c. 45; Ann. Lauriss. ad a. 760, 782, 786 l. c. 142, 162, 168; Prud. Ann. ad a. 836 l. c. 130; Ann. Fuld. ad a. 897 l. c. 413; Chr. Moiss. ad a. 812 SS. 2, 259. [12] Waitz 3², 442. [13] Waitz l. c. n. 1. [14] Dipl. 54 Nr. 60: ipsi (sc. der angeklagte Abt E.) nec vinisset ad placitum, nec misso in vice sua derixsissit.

regis als Ehrentitel gebraucht werden kann, dass der Bretonenfürst Nominoë [1]) und Herzog Boso [2]) missi imperiales genannt werden: sie besassen in ihren Gebieten selbständige, vicekönigliche Gewalt [3]). Aber dieser Sinn, welchen man in einzelnen Fällen mit dem Worte missus verbunden, hat doch niemals die eigentliche Bedeutung von missus als eines „Boten" ganz verdrängen können. Deshalb ist auch der missus regis oder dominicus am einfachsten und besten mit „Königsbote" zu übersetzen [4]).

Der Königsbote der merovingischen Könige ist der, von dem Herrscher durch besonderen Auftrag für einen einzelnen Fall bestellte und bevollmächtigte Vertreter des Königs [5]). Sein Wirkungskreis ist so gross als der Machtbereich seines Souverains; er umfasst daher ebensowohl die äussere, wie die innere Politik.

Da sich aber die Verfassungsgeschichte eines Staates in erster Linie nicht mit den Thatsachen des äusseren politischen Lebens, sondern mit den Erscheinungen auf dem Gebiete des Rechtes und der Verwaltung zu beschäftigen hat, so muss auch eine Geschichte des Institutes der Königsboten, als eines Theiles der fränkischen Verfassungsgeschichte, die Berücksichtigung der unter dem Namen von missi regis auftauchenden politischen Gesandten grundsätzlich ablehnen.

Cap. miss. Aquisg. II. 809 p. 152 c. 11: quod missos nostros ad vicem nostram mittimus; Mansi 16, 584 c. 3: Hincmar von Laon nec ipse venit nec per se vicariam personam ... direxit.
[1]) Ueber ihn vgl. Wenck, Das fränk. Reich nach dem Vertrag v. Verdun 75; Simson, Jahrbücher des deutschen Reichs unter Ludwig d. Frommen I, 461 u. 3; Historische Zeitschrift 7, 220. [2]) Kar. II. electio, Cap. Pap. 876 Nr. 220, 221; Bouq. 8. 656 Nr. 268, B. 1805: Signum Bosonis incliti ducis et sacri palacii archiministri atque imperialis missi; sig. B. ducis et missi Italiae; s. Ficker, Forschungen zur Reichs- und Rechtsgeschichte Italiens 2, 129; Dümmler, Geschichte des Ostfränkischen Reichs 2², 403. Ueber Raginarius comes ac missus dominicus in der Urkunde bei Martene, Collectio 2, 38 vom Jahre 911 s. Dümmler 3², 571 f. [3]) Anders ist die Stellung, welche Odelricus in Italien inne hatte. Derselbe erscheint 913 (Tiraboschi: Storia della badia di Nonantula 2, 99), 915 (Codex dipl. Longobardiae 793 und Mem. di Lucca Vᶜ 87), 918 (Tiraboschi 97), 921 (Muratori, Antiquitates 2, 969) als vassus et missus bez. marchio et missus, aber jedesmal als Vorsitzender im Hofgericht. Die Vermutung liegt nahe, dass er unter dem Titel eines missus den fehlenden Pfalzgrafen ein für alle Mal vertreten habe, vgl. Ficker 1, 322. [4]) Ueber die vielen Uebersetzungsversuche s. Waitz 3⁴, 142 f. [5]) Sohm 1, 480. Ueber die Königsboten überhaupt s. Hürde, De missis dominicis 9 f.; Beauchet, Histoire de l'organisation judiciaire en France 69 f.; Schröder, Lehrbuch der deutschen Rechtsgeschichte 133 und Waitz II², 114 ff., III², 441, dessen Darlegungen im Folgenden benutzt werden

Nur das innere Leben des fränkischen Reiches kann das Gebiet sein, in welchem die ersten Spuren der Königsboten aufgedeckt und deren Geschicke weiter verfolgt werden müssen. Der missus dominicus ist dazu berufen, einen zeitweiligen, unmittelbaren Einfluss des Staatsoberhauptes auf die Verwaltung der einzelnen Landestheile zu sichern; diejenigen Handlungen, welche der König seinen Beamten entzogen hat, aber nicht in eigener Person ausführen kann oder will, nach erhaltener Vollmacht vorzunehmen [1]). Zu diesen Geschäften gehörte die Eintreibung der Steuern [2]) und der Einkünfte des Königs, die Unterwerfung widerspänstiger Unterthanen, die Züchtigung gewaltthätiger Grafen, die Entgegennahme des Treueides, die Vornahme einzelner gerichtlicher Handlungen.

Die Männer, welche zu solchen Diensten in Anspruch genommen wurden, gehörten dem Kreise der Hofbeamten [3]) oder den am Hofe befindlichen Grossen [4]) des Reiches, dem geistlichen und weltlichen Stande [5]) an. Ihre Absendung erfolgte, da die Bevollmächtigung allein vom König ausging, vom Palast [6]) aus.

Für die Zeit ihrer Wirksamkeit genossen die Königsboten mannigfache Vortheile: sie hatten, da sie Königsdienst verrichteten, dreifaches Wergeld [7]); sie besassen für die Dauer der Reise das Recht auf freie Beförderung und freien Unterhalt [8]); sie hatten den Anspruch darauf, dass während ihrer Abwesenheit ihre eigenen Prozesse und die ihrer Klienten in suspenso bleiben mussten [9]); endlich erhielt der zur Vornahme einer Erbschaftstheilung abgeschickte Missus den Erbschaftszehnt, welcher sonst wohl in den Fiskus floss, zu freier Verfügung [10]).

[1]) Waitz 3², 441. [2]) Hierzu und zum Folgenden vgl. Waitz 2³, 114 f. [3]) Waitz l. c. [4]) Herzoge: z. B. Greg. Tur. VII, 13 M. G. SS. rer. Merov. I, 297; Grafen: Greg. VII, 12, l. c.; Vita s. Rusticolae, Mabillon, Acta SS. ord. s. Ben. 2, 135: quemdam de optimatibus suis; Vita s. Consortiae l. c. 1, 237: unus ex primoribus palatii. [5]) Waitz 2³, 117, welcher aber die Sache ohne Grund nur auf politische Gesandte beschränkt; siehe auch Marc. I, 23 p. 57. [6]) Greg. Tur. VIII, 12 l. c. 331: a parte regis; V, 28 l. c. 222: de latere suo; Marc. I, 40 p. 68: ex nostro latere; Miracula s. Austregisili c. 1, Mabillon, Acta 2, 92: veniebat e palatio; Marc. I, 20 p. 56: missus de palatio nostro. [7]) Sohm 1, 39 f. [8]) Waitz 2³, 296 f. [9]) Marc. I, 23 p. 57: dum illis partibus fuerit demoratus, omnes causas suas suisque amicis aut gasindis . . . in suspenso debeant reselere. [10]) Marc. I, 20 p. 56; Waitz 2³, 284, welcher die Abgabe stets dem Fiskus zukommen lässt; er übersieht aber, dass es heisst: quod exinde in fisci dicionibus tam de terra, vineas, mancipia vel undecumque reddebetur, ipse vir ille habeat . . . concessum vel quicquid exinde facire voluerit, liberam habeat potestatem. In karolingischer Zeit freilich erhält der Fiskus ausschliesslich den Zehnt, Waitz 4², 124.

Aus diesen Königsboten sind unter dem bedeutungsvollen Einfluss der arnulfingischen Hausmaier diejenigen Beamten hervorgegangen, welche unter dem technischen Namen der missi dominici oder ordentlichen Königsboten dem karolingischen Staatswesen sein eigenthümliches Gepräge gegeben und eine so wichtige Rolle in der fränkischen Verfassung gespielt haben.

I.

Der ordentliche Königsbote hat die Aufgabe, den König ein für alle Mal auf dem Gebiete der Reichsregierung zu vertreten [1].

Es gehört zum Wesen der ordentlichen Königsboten, dass sie vom König allein ohne Mitwirkung eines andern alljährlich gewählt werden; dass sie den allgemeinen Auftrag haben, das Recht zu wahren; dass sie zu diesem Zweck in den ihnen zugewiesenen Amtsbezirken umherreisen; dass sie an dem Ort ihrer Thätigkeit nicht angesessen sind [2].

Von diesen Gesichtspunkten aus betrachtet ergeben sich die verschiedenen Abschnitte in der Entwicklung des Institutes und die verschiedenen Klassen der Beamten selbst.

Danach umfasst die erste Periode die Regierungszeit Karls des Grossen: das Institut ist auf seiner Höhe, das Wesen der missi dominici ist am schärfsten ausgeprägt, Karl d. G. allein ernennt seine Missi.

Die zweite, die Zeit vom Regierungsantritt Ludwigs des Frommen bis zum Verfall der ganzen Einrichtung: die Königsboten verlieren immer mehr von ihrem eigenthümlichen Charakter; ihre Bestellung liegt in den Händen des Reichstages. Unter der Einwirkung desselben drängen sich die Ortsgewalten in die Stellen der Königsboten und nehmen die missatischen Geschäfte dauernd in Anspruch; es entwickeln sich von 825 ab ständige Königsboten.

Nach der Art und Weise ihrer Thätigkeit gliedern sich die missi dominici in: wandernde Königsboten mit allgemeiner Vollmacht oder ordentliche; ständige Königsboten mit allgemeiner Vollmacht; Königsboten für den Einzelfall oder ausserordentliche [3].

---

[1] So Sohm I, 482. Die Thätigkeit der Missi im Einzelnen ist einer besonderen Darstellung vorbehalten. [2] Die Beweise für die Richtigkeit dieser, auch von Waitz, Boretius und Sohm aufgestellten Begriffsbestimmungen werden sich im Laufe der Untersuchung von selbst ergeben. [3] Ueber diese Benennungen Ficker 2, 3.

Die wandernden Königsboten, die missi discurrentes [1]) der Kapitularien und Diplome, sind im Sinne der von Karl d. G. getroffenen Einrichtung die Königsboten; sie sind der Ausdruck der von Karl besessenen und ausgeübten Machtfülle über alle Verhältnisse seines Reiches: sie zeigen den Herrscher der Franken auf dem Gipfel seiner Gewalt.

Die ständigen Königsboten sind gemäss der von Karl d. G. zum Ausdruck gebrachten Idee keine Königsboten; sie haben mit dem Wesen der Königsboten nichts mehr gemein: sie bezeichnen die Unterwerfung des fränkischen Königs unter die territorialen Gewalten.

Die ausserordentlichen Königsboten bilden während der Thätigkeit der ordentlichen und ständigen Missi die nothwendige Ergänzung, übernehmen nach deren Beseitigung die Stelle derselben, ermöglichen überhaupt eine augenblickliche Einwirkung des Königs auf die Reichsregierung.

Die Grundlagen, auf welchen Karl d. G. das Institut der missi dominici aufgebaut hat, sind von seinen Vorgängern gelegt worden; die Anfänge desselben reichen in die Zeit Karl Martells und Pippins zurück: Karls Einrichtung ist die Vollendung dessen, was sein Grossvater und Vater begonnen.

Die missi discurrentes[2]) in den Diplomen Karl Martells und Pippins aus der Zeit ihres Majordomats sind die Vorläufer der missi Karls d. G.

Der Ausdruck „missi discurrentes" begegnet zum ersten Mal in dem Mundbrief[3]) Karl Martells für Bonifaz, und er kehrt dann in der Zeit des Hausmaierthums der Arnulfinger noch drei Mal wieder in den Diplomen Pippins mit einem Beiwort [4]), welches den Charakter der missi discurrentes klar bezeichnet.

---

[1]) Eine ganz falsche Vorstellung von diesen hat Wenck in seiner Polemik gegen Gfrörer 489 f. und besonders 489 n. 1. Desgleichen Zöpfl, Deutsche Rechtsgeschichte 2⁴, 215.   ²) Statt dessen auch m. decurrentes Jaffé, Bibl. 3, 85.   Ueber den fälschlichen Gebrauch von ministri discurrentes in der späteren Zeit s. Sickel, Acta Carol. I, 178 n. 13.   ³) 723, Jaffé Bibl. 3, 84 Nr. 24 (M. 36): episcopis, ducibus, comitibus, vicariis, domesticis seu missis decurrentibus et amicis nostris.   S. auch Waitz 3², 441 n. 2. Der Name scheint hergenommen zu sein von den missus discursoris im ed. Chlotharii 614 p. 23 c. 19.   ⁴) 748 bis 751 Grandidier, Histoire de l'église de Strassbourg 1ᵇ, 80 (M. 60): venerabilibus . . patribus omnibus episcopis, vel omnibus abbatibus, seu industribus viris ducibus, comitibus, domesticis, vicariis, centenariis, vel omnibus agentibus seu junioribus, seu successoribus vestris, seu amicis meis seu omnibus missis

Die letzte Stelle, welche sie ausserhalb der Beamtenreihe, noch hinter den domestici und centenarii einnehmen, die Bezeichnung als missi mei ist der Ausdruck ihrer Doppelnatur: sie sind ausserordentliche Beamte im Gegensatz zu den ordentlichen [1]), sie sind die Beamten der arnulfingischen Hausmaier [2]) im Gegensatz zu der Beamten-Aristokratie der merovingischen Könige.

Hieraus ergiebt sich trotz des gänzlichen Mangels an Belegen aus den Quellen die Stellung, welche sie im Organismus des werdenden karolingischen Staates inne hatten, die Thätigkeit, welche ihnen zugewiesen war.

Die erste Veranlassung zur Aussendung solcher wandernder Boten wird man in den politischen Verhältnissen der Zeit zu suchen haben.

Bei dem Gegensatz, welcher zwischen Austrasiern und Neustriern bestand, bei der Feindschaft, welche den austrasischen Hausmaiern in ihrem Streben, sich des ganzen Reiches zu bemächtigen, von den Neustriern entgegengebracht wurde, musste den Arnulfingern, als sie das Majordomat aller Theile des Reiches in ihren Händen hatten, daran gelegen sein, der Herrschaft des einen Majordomus über alle, auch die bis dahin königlich gesinnten, Theile der Monarchie einen entsprechenden Ausdruck zu verleihen. Diesem Zweck dienten die missi discurrentes, und es war Karl Martell, welcher zuerst, etwa zwischen 720 und 723 [3]), die wandernden Boten als seine eigenen Beamten in

---

meis discurrentibus; ebenso ib. 81 (M. 61); 750—51 Tardif, Monuments hist. 44 (M. 58); missi nostri discurrentes. Vgl. auch die Zusammenstellung bei Havet, Questions mérovingiennes IV 29 f., welcher mit Waitz 2³, 116 n. 5. das Vorkommen der m. disc. in den Merovinger-Diplomen als ein Kennzeichen für deren Unechtheit hinstellt.

[1]) So auch Sickel, Acta I. 178. — Deshalb fehlen im Cap. Suessionense 744 p. 30 c. 10 bei Aufzählung derer, welchen die ordentliche Gerichtsbarkeit zusteht, die missi disc.: si quis contra hanc decretam ... transgredire vel legem irrumpere voluerint ... judicatus sit ab ipso principe vel episcopis seu comitibus. [2]) Siehe auch Havet IV, 29: Cette institution (sc. des missi royaux), dont les Carolingiens ont tiré un si grand parti, leur appartient en propre. Le maire du palais a eu ses missi, au temps où le roi n'avait pas encore les siens; Richter, Annalen der deutschen Geschichte im Mittelalter 2, 600. Ueber Wencks Ansicht s. umsteh. [3]) Wenn man berücksichtigt, dass die missi disc. zuerst 723 erscheinen (s. umsteh.), und dass Karl Martell durch den Frieden mit Endo von Aquitanien 720 anerkannter Gebieter des Frankenreiches wurde (Kaufmann, Deutsche Geschichte 2, 223; Ranke, Weltgeschichte 5, 280), so dürfte wohl der oben gezogene Schluss nicht zu kühn sein. In diese Zeit zwischen 720 und 723 würde dann auch die Entstehung der Formel add. e cod. Marc. Nr. 2 p. 111 fallen, von der Sickel, Beiträge zur Diplomatik III, Wiener Sitzungsberichte 47, 188 mit Recht sagt, dass sie unter den Arnulfingern aufgesetzt sei.

dieser Absicht in das äusserlich geeinte, aber innerlich wohl noch widerstrebende Reich ausschickte.

In ihrer Eigenschaft als die Beamten des einen[1]) Hausmaiers verkörperten sie die Idee des Einheitsstaates, sollten sie den Austrasiern und Neustriern und Burgundern zum Bewusstsein bringen, dass sie einem Staatswesen angehörten und einem Staatszweck dienten.

Als Beamte des Hausmaiers im Gegensatz zu den Beamten des Königs vertraten sie die allgemeinen Interessen des Staates, repräsentierten sie die Gewalt des Herrschers über die aus dem Unterthanenverhältnis herausgewachsenen Aristokraten, waren sie dazu berufen, einen durch Usurpation, nicht durch den Willen des Königs zu seiner Macht gelangten Beamtenkörper[2]) zu zersprengen; sie bezeichnen den Anfang der von Karl d. G. zu Ende geführten Reorganisation der Beamtenverfassung.

Als ausserordentliche Beamte im Gegensatz zu den ordentlichen besorgten sie alle diejenigen Geschäfte, welche diesen entzogen waren. Die Befugnisse, welche die Sendboten der Merovinger gehabt hatten[3]), waren, da Karl Martell die faktische königliche Macht besass, von welcher deren Ernennung abhing, somit auf seine missi discurrentes übergegangen[4]).

Diese waren, im Gegensatz zu ihren Vorgängern, und damit hatte Karl M. den ersten und bedeutsamsten Schritt zu der späteren Entwicklung des Institutes der missi dominici gethan, wandernde Boten. Sie wurden nicht ausschliesslich mit dem einen Auftrag in den einen Ort geschickt, sie hatten nicht den Befehl, nur das eine Geschäft in dem einen Gau auszuführen, sondern sie gingen von Ort zu Ort, von Gau zu Gau; sie reisten umher[5]), und zwar war das Gebiet ihrer

---

[1]) Hierfür kommt besonders in Betracht, dass die genannten Urkunden aus der Zeit stammen, als Karlmann bereits abgedankt hatte und Pippin alleiniger Majordomus geworden war. [2]) Ueber die Beamten Waitz 2³, 365 f., 382 f. [3]) S. oben 196. [4]) Auch Waitz 3², 441 hat darauf aufmerksam gemacht, dass Karl M. und Pippin auf frühere Gewohnheiten zurückgegriffen hätten, aber er betont zu wenig den neuen Charakter dieser Beamten. [5]) Diesen principiellen Unterschied zwischen den Boten der Könige und denen der Hausmaier hat Waitz l. c. vollständig übersehen. Das Wort discurrere hat verschiedene Bedeutungen gehabt: Fred. IV, 87 M. G. SS. Merov. 2,165; Conv. ap. Sablonarius 862, P. 486 c. 3; Hincm. Ann. ad a. 870 SS. 1, 487 bezeichnen die missi discurrentes die politischen Gesandten bez. persönlichen Boten, welche zwischen zwei Parteien verkehren. Alcuini ep. 126 Jaffé, Bibl. 6, 509; Cap. miss. 803 p. 116 c. 17 (von Wenck 490 n. missverstanden); Cap. 811 p. 165 c. 9; Hlud. ad archiep. ep. 816 817 p. 342 sind sie die wandernden Königsboten Karls d. G. und Ludwigs, während sie Conv. ap. Confluentes 860 P. 473 l. 15 und P. 475

Thätigkeit gemäss ihrer Bestimmung nicht ein Reichstheil, sondern das ganze Reich [1]).

Die Angelegenheiten, zu deren Erledigung früher für jeden Fall besondere Boten ernannt wurden, waren, wie es scheint, nunmehr in ihrer Gesammtheit auf die Bevollmächtigten übergegangen, d. h. der Sendbote hatte nicht mehr bloss einen Auftrag auszuführen, sondern deren mehrere.

Bei der, durch die Vereinigung der drei Reichstheile zu einem Staatskörper erfolgten grossen Ausdehnung des Reiches war es unmöglich geworden, für jeden Fall in jeden Gau einen besonderen Bevollmächtigten zu senden, war es ebenso unmöglich, für das ganze Reich nur einen oder mehrere gemeinsam abzuordnen. Mit der Nothwendigkeit, durch ausserordentliche Abgeordnete seinem Willen im Reich Geltung zu verschaffen, war für den Hausmaier die andere verbunden, diesen Abgesandten einen grösseren Wirkungskreis zu geben. Der Bote, welcher in dem einen Gau den Huldigungseid entgegen zu nehmen hatte, musste zugleich den Befehl erhalten, in demselben Gau einen unbotmässigen Grafen abzusetzen, in einem andern Ruhe und Ordnung herzustellen. Doch beruhte, und daran muss man festhalten, die Berechtigung zur Vornahme jedes einzelnen Geschäftes auf dem hierfür gegebenen Befehl des Herrn [2]): noch konnten die Bevollmächtigten ihr Recht nicht von ihrer amtlichen Stellung ableiten [3]).

---

1. 50 die einmal ausgesandten Königsboten sind im Gegensatz zu den ständigen. Am schärfsten kommt die Bedeutung des Wanderns von Ort zu Ort zum Ausdruck in der Commem. missis data 825 p. 309 c. 2: ipsi missi non sine certissima causa vel necessitate h u c i l l u c q u e discurrant.
[2]) 753 Tardif 46 (M. 71) und 768 ib. 49 (M. 106): missus nostros . . . u b i q u e discurrentes; nach der Stilisierung der Urkundenformeln unter Ludwig d. F. wiedergegeben mit „per universum imperium nostrum", vgl. Form. imp. Nr. 27ᵇ p. 307. [3]) Im Missatgericht zu Digne 780 (Guérard: Cartulaire de l'abbaye de St. Victor de Marseille I. 45) episcopus Mauronius judicium ostendidit, qualiter p e r o r d i n a t i o n e m d. Karoli maiori dono canciarios suos missos exinde jussit ad ipsam casam s. Victoris revestire. (Ueber canciarii s. Du Cange s. v.). 750—751 Tardif 44 (M. 58): missus nostros G. et Ch. ad eorum peticionem . . . ad hoc inquirendum vel investigandum direximus. Die missi, welche von 754—762 in Italien für den Papst thätig sind, Anhang II Nr. 3—8, können in keiner Weise in Betracht gezogen werden, da ja Italien damals noch gar nicht zum Frankenreich gehörte. [4]) Nur in den letzten Jahren Pippins erscheinen einmal missi in Aquitanien, welche weiter gehende Befugnisse gehabt zu haben scheinen, da sie mit den Senioren des Landes Berathungen pflegen sollen ad nostrum profectum vel sanctae ecclesiae (Cap. Aquitan. p. 43 c. 12; Oelsner, Jahrbücher des fränkischen Reichs unter König Pippin 417). Jedoch können die aquitanischen Verhältnisse, als im Ausnahmezustand befindlich, nicht massgebend sein für das übrige Reich.

Die Uebertragung verschiedener, ungleichartiger Geschäfte auf ein und dieselbe Person brachte den Beauftragten mit den verschiedenartigsten Verhältnissen des Staatslebens in Berührung, hob ihn über die Stellung eines für einen einzelnen Fall ernannten Boten hinaus. Damit hängt es zusammen, dass von nun an die missi discurrentes in der Inscriptions- bezw. Publikationsformel der Diplome und zwar sowohl in den Mundbriefen als in den Immunitäten und Zollprivilegien [1]), neben den Beamten erscheinen, während für den Missus des merovingischen Königs in dessen Diplomen noch kein Platz ist [2]).

Der Sendbote der Merovinger ist nur ein persönlicher Diener des Königs [3]; der Sendbote der Arnulfinger ist auch ein persönlicher Diener, aber er ist zugleich ein Bestandtheil der Beamtenverfassung geworden [4]).

Die beständige Rücksichtnahme auf ihn lässt darauf schliessen, dass die Thätigkeit des Missus eine gewisse Regelung erfahren, dass seine Verwendung keine planlose, durch irgend einen Zufall bedingte war; sie legt die Vermuthung nahe, dass die Ernennung mit einer gewissen Stetigkeit erfolgte. Aber wie dem auch sein mag, immer noch ist der missus discurrens ein ausserordentlicher Beamter der Reichsregierung im Gegensatz zu einem ordentlichen Beamten derselben.

Der ordentliche Beamte der Reichsregierung ist der durch Karl d. G. in die fränkische Verfassung eingefügte ordentliche missus dominicus [5]).

Der ordentliche Königsbote ist das Organ der Reichsregierung im Gegensatz zu den Organen der Gau- und Diöcesanregierung [6]).

Das Institut der ordentlichen missi dominici ist die unmittelbare Fortbildung und Vollendung der von Karl Martell und Pippin ge-

---

[1]) S. oben 198 n. 2, 3 und Grandidier, Strassbourg 2ᵇ, 88 (M. 85) und Martene, Coll. 1, 27 (M. 89). [2]) Dadurch bestätigt sich, was Waitz 2³, 116 sagt, dass er nämlich nicht zu den Beamten gehörte, auf welche regelmässig Rücksicht genommen wird. [3]) Sohm 1, 480. [4]) Indem Waitz l. c. zu seinem Schluss kommt dadurch, dass er das Fehlen der missi discurrentes in den echten Diplomen der Merovinger für ein Kennzeichen der ausserordentlichen Stellung der merovingischen Sendboten hält, giebt er zugleich zu, dass die Erwähnung der wandernden Boten diese als solche Beamte charakterisiert, auf welche regelmässig Rücksicht genommen wird. [5]) So Sohm I, 482. — Die Literatur über diesen Gegenstand ist unendlich gross; trotzdem genügt ein Hinweis auf das betreffende Kapitel bei Waitz 3², 442 und besonders auf S. 443 u. 2, wo alles zusammengetragen ist; dazu kommt noch Beauchet 293 ff. und Schröder 133. [6]) Desshalb fehlen 774 Tardif 60 (M. 170) bei der Aufzählung der Beamten im Gau von Paris, an welche sich Karl besonders wendet, die Missi, obgleich in der Urkunde mehrmals auf ihre Thätigkeit Bezug genommen wird; ebenso Cap. Harist. 779 p. 51 c. 19 bei der Nennung der verschiedenen ordentlichen Ge-

troffenen Einrichtung der missi discurrentes ¹). Wie diese durch Sprengung der Beamten-Aristokratie den Anfang einer neuen Beamtenverfassung bezeichnen, so bedeuten jene das Ende der durch Karl d. G. vollzogenen Reorganisation: sie bilden den Schlussstein des von Karl neu aufgerichteten Gebäudes der Beamtenverfassung, sie sind die nothwendige Folge der ins Leben getretenen Gauverfassung.

Nach der Beseitigung der Herzogsgewalt ²), bei der immer grösser werdenden Ausdehnung des Reiches musste ein Organ geschaffen werden, durch welches die Centralregierung in unmittelbarer Berührung mit der Gauregierung blieb, durch welches jene immerwährend und allenthalben ihren Einfluss zur Geltung bringen konnte ³), welches die Idee und die Interessen des konzentrierenden Einheitsstaates vertrat gegenüber der Idee und den diametral entgegengesetzten Interessen der Stammesreiche. Dieses Organ waren die ordentlichen Königsboten.

Der Fortschritt, welchen Karl d. G. im Institut der ordentlichen Königsboten gethan, besteht zunächst darin, dass er seinen Missi den allgemeinen Auftrag gab, die Rechte der Reichsregierung wahrzunehmen ⁴). Während der Sendbote Karl Martells und Pippins sein Recht nur ableitete von der ihm ad hoc gegebenen Vollmacht, gründet sich die Berechtigung zur Vornahme von Amtshandlungen für den neuen Missus auf den ihm für die Zeit seiner Thätigkeit zu theil gewordenen Auftrag ad institias faciendas.

Der ordentliche Königsbote übt ipso iure, eben in seiner Eigenschaft als Königsbote, die dem König vorbehaltenen Regierungsrechte aus. Der Bote der Arnulfinger war nicht berechtigt, den für einen einzelnen Zweck gegebenen Befehl darüber hinaus zu verallgemeinern; der Königsbote Karls d. G. ist verpflichtet, den allgemeinen Auftrag auf alle Verhältnisse auszudehnen. Der allgemeine Auftrag ad iustitias faciendas stempelt den missus dominicus zum ordentlichen missus dominicus, macht ihn zum ordentlichen Beamten der Reichsregierung.

Damit ist eine Behauptung ausgesprochen worden, welche sich mit der herrschenden Lehre zunächst in Gegensatz stellt. Diese, von Waitz ⁵) aufgestellt und von den Späteren festgehalten, geht davon aus,

---

richte: De mancipia quae vendunt, ut in praesentia episcopi vel comitis sit, aut in praesentia archidiaconi aut centenarii, aut in praesentia vicedomni aut iudicis comitis. Vgl. ferner Cap. Ital. 801 p. 204 Anrede an die in Italien eingesetzten Gewalten; Kar. II. Conv. Caris. 857 P. 454 Vorrede; Kar. II. Synodus Pist. 862 P. 478 Vorrede; Pact. Tusiac. 865 P. 501 Vorrede.

¹) Sohm 1, 481, Kaufmann 2, 351, Nitzsch, Geschichte des deutschen Volkes 1, 217 lassen K. d. G. unmittelbar an merovingische Gewohnheiten anknüpfen, übersehen aber das hier betonte Mittelglied. ²) Schröder 133. ³) So auch Waitz 3², 481 f. ⁴) Sohm 1, 482. ⁵) 3², 151 n. 1 gegen Sohm.

dass die Missi als ein organischer Bestandtheil der Reichsregierung erst von dem Zeitpunkt ab angesehen werden können, von welchem ihre Ernennung jährlich erfolgte, d. h. vom Jahre 802 ab; das Hauptgewicht wird also auf die jährliche Aussendung gelegt. Damit ist aber, sobald man den von Karl d. G. nach 802 eingesetzten und auch von Waitz als ordentlichen [1]) bezeichneten Missus einmal dem merovingischen, ein ander Mal dem karolingischen ausserordentlichen Bevollmächtigten [2]) gegenübergestellt [3]), das Wesen des ersteren dem letzteren gegenüber nicht scharf genug charakterisiert.

Der ausserordentliche Sendbote hat — und darin sind alle einig — seine Vollmacht nur für einen ganz bestimmten Fall: er ist, um mit den Quellen zu reden, ein missus ad hoc specialiter directus [4]).

Dementsprechend erstreckt sich der Auftrag des ordentlichen Missus nicht auf einen oder mehrere, sondern auf alle Fälle: er handelt, im Gegensatz zum ausserordentlichen Missus, welcher ein Spezial-Mandat hat, auf Grund eines General-Mandates [5]).

Das General-Mandat, der allgemeine Auftrag, ist das Charakteristikum des ordentlichen Missus.

Die ordentlichen missi dominici sind mit dem Regierungsantritt Karls d. G. in Wirksamkeit getreten [6]).

Bevor ich dazu übergehen kann, diese Behauptung zu beweisen, muss von vornherein darauf aufmerksam gemacht werden, dass von dem Worte missus allein mit seinen näheren Bestimmungen, wie: regis, imperatoris, noster, dominicus, auf den Charakter desselben noch kein Schluss gestattet ist. Nur die Thätigkeit, welche er entfaltet, die Form, in welcher ihm diese zugewiesen wird, der Zusatz bezw. das Fehlen von Ausdrücken, wie: ad hoc directus, ad hanc causam inquirendam, wird den Massstab abgeben können, ob ein ausserordentlicher oder ein ordentlicher Missus gemeint ist [7]).

---

[1]) l. c. 481. [2]) Ueber diese s. unten Abschnitt V. [3]) Waitz l. c. 480. [4]) Cap. de monast. s. Crucis 822—824 p. 302 c. 8: Si . . . necesse fuerit, per jussionem d. Pippini regis R. specialiter missum habeant; Prud. Ann. ad a. 839 SS. I, 436: Directis . . . ad hoc specialiter missis, qui ab his hujusmodi firmitatem sacramento susciperent, zur Sache vgl. Simson, Ludwig d. Fr. 2. 215; Admon. ad omnes regni ordines 823—825 p. 306 c. 19: missos ad hoc specialiter constitutos habeant, aber von andern gesagt, als vom König. [5]) Wenn es gestattet wäre, einen Terminus zu erfinden, welcher in den Quellen keine Stütze findet, so könnte man diesen Königsboten einen missus generaliter directus nennen. [6]) Sohm I, 482 u. 12 gegen Waitz; s. auch Bürde 28 ff., dagegen Waitz 3², 445 n. 6. — Die Frage, wie oft und wann sie ausgeschickt wurden, bleibt nach dem oben Gesagten vorläufig hier unberührt. [7]) Häufig fehlen aber auch diese Kennzeichen, so dass eine Unter-

Ich wende mich zunächst zu den Kapitularien. Das älteste und gewichtigste Zeugnis bietet das Cap. Haristall 779 p. 51 c. 21 [1]):

Si comis in suo ministerio iustitias non fecerit, misso nostro de sua casa soniare faciat usque dum justitiae ibidem factae fuerint; et si vassus noster iustitiam non fecerit, tunc et comis et missus ad ipsius casa sedeant et de suo vivant quousque iustitiam faciat.

Demnach besagt das Gesetz, dass, wenn der Graf in seiner Grafschaft nicht Recht und Gerechtigkeit walten lässt, der missus so lange auf dessen Kosten leben solle, bis in der Grafschaft das Recht gehandhabt worden ist; wenn aber ein königlicher Vassall kein Recht gewähren will, dann sollen der Graf und der Missus sich so lange bei ihm beköstigen, bis es geschehen ist [2]).

Der Missus wird hier in prägnanter Weise als eine ganz bestimmte Persönlichkeit in ein Gesetz eingeführt, welches nicht für einen konkreten Fall, sondern ein für alle Mal, nicht für eine Provinz sondern für das ganze Reich das Recht, wie es der Gesetzgeber gehandhabt wissen will, festsetzt. Er wird in einer Weise genannt, welche eine längere Existenz desselben, eine Bekanntschaft der Unterthanen mit seinem Amte bereits voraussetzt [3]). Er tritt als ein ganz bestimmter Beamter auf, in derselben knappen Form, wie der Beamte des Gaues: comis et missus, der Graf, in dessen Grafschaft der Vassall ansässig ist, und der Missus gehen gemeinsam vor.

Die Rede ist nicht von irgend einer Person, welche als missus in dieser Angelegenheit abgeordnet worden ist; denn dann müsste erwähnt sein, dass dem König die Nachlässigkeit des Grafen bezw. des Vassallen gemeldet worden sei [4]), und dass dieser sich in Folge dessen veranlasst gesehen habe, einen Boten mit besonderer Vollmacht abzusenden.

Es handelt sich vielmehr um den Königsboten, welcher auf seiner Reise durch mehrere Gaue in irgend einem derselben Zustände an-

---

scheidung zur Unmöglichkeit wird. In diesem Falle habe ich den Missus sowohl in der Liste der ordentlichen, wie in der der ausserordentlichen aufgeführt.
[1]) Pernice s. v. Graf bei Ersch und Gruber Sect. 1. Theil 78, S. 143 und Sohm l. c.   [2]) Waitz 4², 420, 456.   [3]) Vgl. auch Börde 28.   [4]) Cap. miss. 792 vel 786 p. 67 c. 5: Verumtamen si comis aut missus vel quislibet homo hoc fecit (sc. contra legem handelt), fiat annuntiatum domni regi, quia ipse plenissime haec emendare vult.   Const. Romana 824 p. 323 c. 4: per nostrum missum fiat nobis notum, ut per nostros missos a nobis directos iterum emendentur. Ueber die Auffassung von missi directi als ausserordentliche m. siehe unten und vorläufig Giesebrecht, Geschichte der deutschen Kaiserzeit 1., 872 und Simson, Ludwig d. Fr. 1, 227.

trifft[1], wie sie das Gesetz vermieden wissen will und gegen welche er einschreiten soll. Es handelt sich um den bestimmten, jedesmaligen Königsboten, welcher in der Grafschaft, in welcher der königliche Vassall die Genugthuung verweigert, gerade seinen missatischen Geschäften nachgeht und deswegen gemeinsam mit dem Grafen den Vassall züchtigen kann [2]).

Das Vorgehen gegen Graf und Vassall ist nicht der ausschliessliche Inhalt seines Auftrages, sondern nur ein Theil desselben. Der Missus ist zu seinem Einschreiten gegen Graf und Vassall nicht einzig und allein befugt, sondern auch befugt. Er übt diese Thätigkeit nicht nur gegen diesen Grafen, sondern kann es auch gegen einen andern. Er kann letzteres nur thun, weil er der Missus ist, weil er eine allgemein-gültige Vollmacht besitzt.

Der Missus der Kapitularien vor 802 ist bereits ordentlicher Missus [3]).

Diese Thatsache kommt am schärfsten zum Ausdruck in der richterlichen Thätigkeit der Königsboten.

Der Missus sitzt zu Gericht ad universorum causas audiendum vel recta iudicia terminandum [4]), pro multorum hominum altercationes audiendas et negociis causarum dirimendis et iustis vel rectis indiciis

---

[1]) Dasselbe sagt das Dupl. leg. ed. 789 p. 64 c. 27: De eo quod missi nostri providere debent, ne forte aliquis clamor super episcopum vel abbatem seu abbatissam vel comitem seu super qualemcumque gradum sit. Klarer und schärfer drückt sich das Cap. miss. 819 p. 291 c 23 aus: Ut ubicumque ipsi missi aut episcopum aut abbatem aut alium quemlibet quocumque honore praeditum invenerint qui iustitiam facere vel noluit vel prohibuit, de ipsius rebus vivant. Aehnlich auch l. c. 28 † c. 1: Cap. miss. Theod. II. 805 p. 124 c. 12; Cap. pro lege hab. Wormat. 829 Nr. 193 c. 5. und so noch an vielen andern Stellen. [2]) Hierher gehören auch, mit der nöthigen Aenderung der persönlichen Verhältnisse Pipp. Cap. 790 p. 201 c. 8 und die Zollbestätigung für St. Denis 774 Tardif 60 (M. 170): Si quis . . . contra praecepta . . . nostra aliquid facere vel contraire voluerit, tunc missus noster vel comitis super noctes viginti una ante nos per bannum nostrum venire faciat in rationes . . . Similiter et si ullus telonearius, vel aliquis homo ipsa irrumpere tentaverit, tunc missi nostri supradicti illum per fideinssores mittere faciant. [3]) Von den Capp. per se scribenda kommen noch nachfolgende Stellen in Betracht: Cap. Mant. 781? p. 191 c. 10; Cap. Mant. II. 787 p. 197 c. 7; Pipp. Cap. Pap. 787 p. 199 c. 10; Admon. gen. 789 p. 53, 1. 40; Pipp. Cap. 790 p. 201 c. 5; Cap. Saxon. 797 p. 71 C. c. 4, 7; Capitulatio de partibus Saxoniae 775 790 p. 70 c. 34: Interdiximus ut omnes Saxones generaliter conventus publicos nec faciant, nisi forte missus noster de verbo nostro eos congregare fecerit. Die Abhaltung von Volks- (Gerichts-) Versammlungen ist Amtspflicht des ordentlichen Missus. s. Sohm I. 490. [4]) Form. sal. Merk. Nr. 27 p. 251.

finiendis [1]), ad singulorum hominum audiendas vel deliberandas intentiones [2]).

Die Hegung des Gerichtes ad universorum causas audiendas geschieht im Echteding und im Königsgericht. Das Echteding und das Königsgericht werden nicht zur Erledigung einer einzelnen, bestimmten Rechtssache, sondern wegen der Pflege des Rechts im Allgemeinen abgehalten [3]). Der Missus sitzt zu Gericht im ungebotenen Ding [4]): er sitzt zu Gericht, nicht um ein einzelnes ihm übertragenes Rechtsgeschäft abzuwickeln [5]), sondern um überhaupt die Rechtspflege zu handhaben [6]). Die Gerichtsgewalt des Missus bezieht sich nicht auf einen speziellen Fall, sondern erstreckt sich über das ganze Gebiet der missatischen Gerichtsbarkeit. Der Missus leitet seine Berechtigung zum Rechtsprechen nicht ab von einer ihm ad hoc gewordenen Vollmacht, sondern von dem allgemeinen Auftrag ad iustitias faciendas.

Der Königsbote, welcher vor dem Jahre 802 als Richter auftritt und ad universorum causas audiendas zu Gericht sitzt, ist bereits ordentlicher Königsbote.

So ist es zu erklären, dass in den Urkunden, welche keine ausgesprochenen missatischen Placita-Urkunden sind, aber doch Zeugnisse von der richterlichen Thätigkeit der Missi enthalten, derselben in einer Form Erwähnung geschieht, welche keinen Zweifel aufkommen lässt,

---

[1] Guérard, St. Victor 1, 43 u. 780, Anh. I, Nr. 2; ebenso Vaissete et Devic, Histoire gén. de Languedoc, ed. nouv. 2ᵇ, 47 u. 782, Anh. I. Nr. 5.
[2] Balzani e Giorgi, Regesto di Farfa 2, 142 Nr. 171 a. 798, Anh. I. Nr. 16.
[3] Sohm 1, 442 f. [4] Zu demselben Resultat gelangt Sohm 1, 493, aber durch einen anderen Gedankengang, wenn er sagt, dass der ordentliche königliche Gewaltbote, als mit gräflichen Rechten ausgerüstet, im echten Ding präsidiert. [5] Die gerichtliche Thätigkeit ausserordentlicher Königsboten wird charakterisiert durch Zusätze, wie: ad hanc causam inquirendam, ad hanc causam definiendam. Die Beispiele sind so zahlreich, dass ein Hinweis auf Anh. II. genügt, wo z. B. jede Urkunde über eine inquisitio beweist, dass der Missus hierfür besonders bevollmächtigt wurde. [6] Vgl. Theodulfs Beschreibung seiner missatischen Thätigkeit mit Leidrad 798 in seinen Versus contra indices, M. G. Poet. lat. 1, 497 v. 143 f.:

Undique conveniunt populi clerique catervae
Et sinodus clerum, lex regit alma forum.
v. 149 f: Quo sinodo cleri, legum moderamine plebis
Pectora contudimus juris et artis ope.
p. 118 v. 163 ff.: Magna catervatim nos contio saepe frequentat,
Aetas quod dicat sexus et omnis habet,
Parvulus, annosus, invenis, pater, innuba, celebs,
Maior, ephebus, anus, masque marita, minor.

ob ordentliche oder für besonderen Fall bestellte Königsboten gemeint sind.

Ich stelle die wenigen, aber zur Beleuchtung der Thatsache ausreichenden Zeugnisse in chronologischer Folge nebeneinander:

782. Forschungen zur Deutschen Geschichte 3, 151 [1]): Vor das Königsgericht nach Thionville kommen W. missus noster una cum scabinis et testibus Moslinses und berichten, dass sie in dem Streit zwischen der Kirche von Trier und den Söhnen Lantberts wegen des Klosters Mettlach zu Gunsten der ersteren entschieden hätten. Davon, dass W. als Missus in den Moselgau geschickt worden sei, um die Verhältnisse, welche dem Streit zu Grunde lagen, zu untersuchen [2]), dass er also ein missus ad hoc specialiter directus gewesen sei, ist nichts gesagt. Die Angelegenheit ist vor ihm verhandelt worden, weil sein Gericht auch dazu kompetent war. Er gab in dieser Sache sein Urtheil ab, weil er als Missus des Moselgaues dazu nicht nur berechtigt, sondern verpflichtet war.

790. Beyer 1, 39 Nr. 35 [3]): Karl d. G. schenkt dem Kloster Prüm mehrere Güter im Lahn-, Einrich- und Engersgau, quas antedictus abba (sc. Ascarius v. Prüm) et achardus missi nostri ... secundum legem in causa nostra super hominem nomine A. adquisissent ... sicut suprascripti missi nostri ... super iamdictum A. ad opus nostrum visi sunt evindicasse. Die Missi haben nicht secundum jussionem regis die Güter dem Fiskus zugesprochen, sondern secundum legem: nicht weil sie erst in die drei Gaue zur Regelung dieser Angelegenheit abgesendet waren, sondern weil die Gaue zu ihren Sprengeln und die Erledigung aller hier streitigen Fälle, besonders die Beaufsichtigung des königlichen Eigengutes [4]), zu ihren Befugnissen gehörten. Sie waren ordentliche Königsboten [5]).

791. Tardif 70 Nr. 92 [6]): Veniens Ratbertus abba (von St. Germain) palatio publico, in villa nuncupante V. ante A. et G. missos

---

[1]) Ueber die Datierung s. Sickel K. 97, M. 252, Abel-Simson, Jahrbücher des fränkischen Reichs unter Karl d. Grossen 1², 435 u. 6; Anh. I. Nr. 4. [2]) So fasst Abel-Simson 1², 436 die Sachlage auf, übersieht aber, dass W. eine positive Entscheidung getroffen, ein richterliches Urtheil gesprochen hat. [3]) Anh. I. Nr. 9. [4]) Vgl. Waitz 3², 455. [5]) Aehnliche Fälle sind: Dronke, Codex dipl. Fuldensis 45 Nr. 73, M. 239, Anh. I. Nr. 3; Meichelbeck I^b 85, Anh. I. Nr. 15. Vgl. auch Beyer, Urkundenbuch zur Geschichte der mittelrheinischen Territorien 1, 50 Nr. 44 (M. 408), Anh. I. Nr. 46 vom Jahre 806 oder vorher: missus noster R. comes in causa nostra legibus super eum evindicavit. [6]) Anh. I. Nr. 12.

d. regis Karoli vel ante presentiam bonorum hominum, qui ibidem aderant klagt gegen den Grafen A. auf Herausgabe eines Waldes. Die Anwesenheit der boni homines ist das Kennzeichen des Echtedinges [1]), welches ad universorum causas audiendas abgehalten wird. Die Missi sitzen zu Gericht im Interesse der Rechtspflege überhaupt, nicht im Interesse des Abtes allein. Deshalb konnte dieser ohne Weiteres seine Klage vor das Missatgericht bringen: es ist kein geboten, sondern ein ungeboten Ding; die Missi sind nicht ausserordentliche, sondern ordentliche Königsboten [2]).

791. Meichelbeck 1[b], 96 Nr. 129 [3]): Da sich zwei Parteien im Streit um eine Kirche nicht einigen können, schickt der Bischof Atto von Freising, an welchen sie sich gewendet, den Eigenthümer der Kirche cum suis conheredibus ad missis dominicis in locum quae dicitur Lorahha in monte nuncupante Wartperc, ibi fuit Arn episcopus Keroldus, M., W. et R. judex ... Fuit haec contentio tribus diebus in presentia supra dictorum missorum dominicorum. Der Bischof konnte die Parteien an die Missi weisen, weil diese in ihrer Eigenschaft gerade Gericht abhielten, in welchem alle streitigen und noch nicht erledigten Sachen zur Entscheidung kommen konnten. Sie sassen zu Gericht, nicht pro horum hominum altercationes audiendas [4]) — denn einerseits wäre der Umweg über den Bischof überflüssig gewesen, andrerseits hatte der Bischof nicht das Recht, königliche Sendboten mit der Abwicklung von Rechtsstreitigkeiten zu beauftragen — sondern ad universorum causas audiendas [5]).

Die Urkunden geben der Thatsache Ausdruck, dass die in ihnen erwähnten und vor 802 thätigen Missi ordentliche Königsboten sind.

---

[1]) Sohm I, 442. [2]) Gleiche Fälle werden behandelt: 790 Besly, Histoire des comtes de Poicton préf. 17, Anh. I. Nr. 10 (der Abdruck ist nicht vollständig): qualiter veniens et c. (= et cetera?) ... coram II. et E. missis a domno Chlodovico rege Aquitaniorum, vel aliis venerabilibus viris. 788—791 Mon. Boic. 28[b], 49 Nr. 59, Anh. I Nr. 11: quando ipse ante missos regis adquesivit filios suos. 798—802 Muratori, Antiqu. 5, 953, Anh. I. Nr. 23: et dum ... reclamatio exinde facta fuisset, ad Paulinum patriarcham, Arnone archiepiscopo, Fardulfo abbate, et Echerigus comes palatii, vel reliqui loco eorum, qui tunc hic in Italia missi fuerunt. Aus der Sammlung der Formulae Senonenses recentiores, welche zwar erst unter Ludwig entstanden ist, aber einige Stücke aus der Zeit Karls d. G. enthält, glaube ich Nr. 7 p. 214 auf die Zeit vor 800 beziehen zu dürfen: veniens venerabilis vir ille abbas de monasterio illo ... ante industribus viris magnificis illis et illis, missis domno ... rege vel aliis quam plures ... homine alico nomen illo interpellabat. [3]) Anh. I. Nr. 11. [4]) So nach der, p. 206 gegebenen, zweiten Formel geändert. [5]) Vgl. auch Meichelbeck 1[b], 82 Nr. 103 vom Jahre 791, Anh. I. Nr. 13.

Mit dem so gefundenen Resultat stimmen aufs Beste die beiden Nachrichten der erzählenden Quellen überein: Ann. Lauriss. ad a. 798 SS. 1, 184: Nordliudi trans Albim sedentes seditione commota, legatos regios qui tunc ad institias faciendas apud eos conversabantur, comprehendunt[1]): Ann. Lauresh. ad a. 802 SS. 1, 38: Recordatus misericordiae suae de pauperibus, qui in regno suo erant et iustitias suas pleniter abere non poterant, noluit de infra palatio suo pauperiores vassos suos transmittere ad institias faciendum propter munera.

Sie sagen, dass die Missi, welche 798 in Sachsen und vor 802 in den Personen von ärmeren Vassallen[2]) im ganzen Reich ihre Thätigkeit ausübten, mit dem allgemeinen Auftrag, Recht und Gerechtigkeit zu pflegen, abgeschickt waren[3]). Sie beweisen, dass die Missi ordentliche Königsboten waren.

Die ordentlichen Königsboten wurden jährlich ernannt; die jährliche Absendung erfolgte schon vor dem Jahre 802.

Dem Beweise dieser Behauptung muss eine Auseinandersetzung mit der herrschenden Lehre vorausgehen.

Waitz[4]) meint, und darin sind ihm alle Späteren gefolgt, dass das Recht und die Thätigkeit der Königsboten vor dem Jahre 802 wesentlich dieselben waren[5]) wie nachher, dass aber das Unterscheidende gegen früher in der jährlichen Aussendung liege, welche sich erst vom Jahre 802 datieren lasse, d. h. das Charakteristikum des ordentlichen Missus ist seine jährliche Ernennung, diese macht ihn zum organischen Theil der Reichsregierung. Kurz darauf aber[6]), nachdem er an der Hand des grossen Kapitulare von 802 die Thätigkeit der Missi im Einzelnen dargelegt, kommt er zu dem Schluss, dass die Wichtigkeit und Bedeutung der neuen Königsboten in der Vereinigung und Zusammenfassung ihrer Befugnisse bestehe, wie sie nunmehr, im Gegensatz zu früher, aufgeführt würden. Das heisst nichts anderes als: die Missi sind, was sie sind, durch den alle ihre Obliegenheiten umschliessenden

---

[1]) Ann. Einh. p. 185: Saxones transalbiani ... legatos regis qui ad eos ob iustitias faciendas missi erant, comprehensos interficiunt. Vgl. dazu Simson, Karl d. G. 2, 143 und Anh. I. Nr. 17. [2]) Das giebt auch Waitz 3², 450 n. 2 zu. [3]) S. auch Alcuini ep. 126 Jaffé, Bibl. 6, 509 vom Jahre 799: Quod vero tua (-c. Arn) bona multorum salute providentia, suadendum mihi censuit dulcissimo meo David (i. e. Karolo) de missorum electione, qui discurrere inbentur in titias faciendas, seias certissime et hoc me saepius fecisse. Zeissberg, Arno, erster Erzbischof von Salzburg, in Wiener Sitzungsberichten 43, 336 n. 4. [4]) 3², 451 n. 1. [5]) Er verweist auf die Capitularia von 789 p. 62 und 65. [6]) l. c. 453.

Auftrag: Organe, deren sich „der Kaiser bedient, um seine Gewalt und seinen Willen zur Geltung zu bringen, seine Obliegenheiten und Pflichten zur Ausführung zu bringen, vor allem Recht und Gerechtigkeit zu handhaben" [1], werden sie durch den allgemeinen Auftrag. Der ordentliche Königsbote ist also nach Waitz ein Organ der Reichsregierung durch seine jährliche Ernennung, er ist aber auch ein Organ der Reichsregierung durch den Besitz der allgemeinen Vollmacht. Diese sieht Waitz nur niedergelegt in den Capitularia missorum von 802 ab mit ihren zusammenfassenden Bestimmungen; aus ihnen schliesst er daher auch auf das Vorhandensein der ordentlichen Missi. Diese Kapitularien unterscheiden sich aber in nichts von den Capp. miss. von 789, was Waitz selbst zugiebt, da er sie S. 451 n. 1 als Beweis dafür angiebt, dass die Rechte der Königsboten vor und nach 802 wesentlich dieselben waren. Mithin hätte er auch, da nun einmal, selbst nach seiner Darlegung, das Wesen der ordentlichen Missi in ihrer umfassenden Thätigkeit zum Ausdruck kommt, deren Existenz im Jahre 789 anerkennen und damit deren jährliche Ernennung vor 802 ansetzen müssen.

Dieser Widerspruch gründet sich auf mehrere Ursachen: Waitz operiert mit einem ordentlichen und ausserordentlichen Königsboten, ohne den grossen, prinzipiellen Unterschied zwischen beiden klar zu legen [2]: er findet den Beweis für eine umfassende Thätigkeit der Missi nur in den Capitularia missorum, ohne die Absendung ad iustitias faciendas und die Hegung des Gerichtes ad universorum causas audiendas der Jahre bis 802 zu berücksichtigen.

In Folge der beiden zuletzt genannten Versehen kommt Waitz zu der mit den Quellen im Widerspruch stehenden Behauptung, dass die jährliche Absendung erst vom Jahre 802 ab datiert werden muss.

So viel ich sehen kann, hat weder er, noch ein anderer einen Beweis hierfür beigebracht. Man kann nur muthmassen, wie er zu seinem Ergebnis gekommen ist.

Die Ann. Lauresh. ad a. 802 [3] fahren nach den oben angeführten Worten fort: sed elegit in regno suo archiepiscopos et reliquos episcopos et abbates cum ducibus qui iam opus non abebant super innocentes munera accipere et ipsos misit per universum regnum suum, ut ecclesiis, viduis et orfanis et pauperibus et cuncto populo

---

[1] Worte von Waitz 3², 454 und besonders n. 1.   [2] Vgl. z. B. was er l. c. 480 f. über den ausserordentlichen Missus sagt.   [3] Ich benutze diesen Auszug aus dem Kapitulare (vgl. Boretius in der Vorrede dazu p. 90), weil er klarer und schärfer im Ausdruck ist.

2*

iustitiam facerent. Sie berichten also von nichts anderem, als von der Einsetzung von hohen Beamten zu Königsboten, welche in diesem Jahre in das ganze Reich geschickt wurden, um für die Kirchen etc. das Recht zu pflegen. Was unter dem Ausdruck „iustitiam facere" zu verstehen ist, sagt dann das Kapitulare mit grosser Ausführlichkeit in allen Einzelheiten [1]). Wie die ganze annalistische Notiz ein kurzer und gedrängter Auszug aus dem Kapitulare ist, so ist auch der Ausdruck „iustitiam facere" eine knappe, zusammenfassende Bezeichnung für die gesammte Thätigkeit dieser Missi; es ist nichts anderes gemeint als der Auftrag, in welchem nach Waitz die Befugnisse der Missi vereinigt und zusammen gefasst sind, welcher zum Charakteristikum des ordentlichen Missus gehört. Justitiam facere ist der Inhalt des allgemeinen Auftrages, das Recht zu wahren [2]).

Die im Jahre 802 ausgeschickten hohen Beamten waren ordentliche Königsboten. Das ist das einzige Resultat, welches für die Aussendung überhaupt in Betracht kommt; ein Schluss auf jährliche Ernennung kann aus dem Bericht der Annalen noch nicht gezogen werden.

Deshalb wenden wir uns zu den Capitularia missorum, welche ja nach Waitz [3]) die Thätigkeit ordentlicher Königsboten garantieren. Demnach wurden, wenn wir die Jahre von 802—814 in Betracht ziehen, missi dominici ausgeschickt: 802 [4]), 803 [5]), 805 [6]), 806 [7]), 808 [8]), 809 [9]), 810 [10]).

Aus dieser unvollständigen Reihe konnte Waitz noch nicht auf jährliche Ernennung schliessen; er nahm also die Urkunden zu Hilfe, und diese zeigen, dass Missi thätig waren: 802 zu Freising und Regensburg [11]), 804 in Istrien [12]) und in der Champagne [13]), 806 in Otin-

---

[1]) p. 92 c. 1. Den Schluss bilden die bezeichnenden Worte: ita ut omnino in omnibus ubicumque, sive in sanctis ecclesiis Dei vel etiam pauperibus, pupillis et viduis adque cuncto populo legem pleniter adque iustitia exhiberent. [2]) Die Thätigkeit der ordentlichen Sendboten kommt also nicht ausschliesslich zum Ausdruck im Capitulare missorum, sondern sie gründet sich auch auf die Berechtigung ad iustitiam faciendam. Justitiam facere hat nicht die beschränkte Bedeutung, wie sie Waitz 3², 454 n. 1 annimmt. [3]) S. oben. [4]) p. 91, 100, Anh. l. Nr. 25 ff. [5]) p. 115, Anh. l. Nr. 34. [6]) p. 121 f., Anh. l. Nr. 39. [7]) p. 131, Anh. l. Nr. 47. [8]) p. 140, Anh. l.Nr. 51. — Capp. Nr. 48 p. 134 a. 807 und Nr. 50 p. 136 a. 808 können hier nicht in Betracht kommen, da die Missi nicht allgemeine Befugnisse haben, sondern ihre Thätigkeit nur dem Heerwesen widmen. [9]) p. 150 f., Anh. l. Nr. 52. [10]) p. 153, Anh. l. Nr. 53. [11]) Meichelbeck 1², 87 ff. Nr. 115—118, Anh. l. Nr. 29—31. [12]) Carli, Delle antichità italiche 4b 5, Anh. l. Nr. 37. [13]) Flodoard, Hist. Rem. II, 18. SS. 13, 465, Anh. l. Nr. 35.

gen ¹), 807 zu Rieti ²) und in Rhätien ³), 812 zu Pistoja ⁴), 813 zu Nonantula ⁵) und Lucca ⁶) und 814 zu Spoleto ⁷). Dadurch ergiebt sich allerdings eine ununterbrochene Reihe von 802—810 und von 812—814. Dieselbe konnte sich aber Waitz nur herstellen, indem er die Hegung des Gerichtes ad universorum causas audiendas als Ausdruck der ordentlichen missatischen Thätigkeit nahm ⁸). Daraus entwickeln sich zwei neue Widersprüche: einmal gilt ihm nur der alle Befugnisse vereinigende und zusammenfassende Auftrag, wie er im Capitulare missorum niedergelegt ist, als Beweis ordentlicher missatischer Thätigkeit ⁹), dann aber auch die Formel des Echtedinges. Ferner erkennt er in der Anwendung derselben nach 802 die ordentlichen Königsboten, vor 802 ist sie ihm gänzlich belanglos und ohne jede Beweiskraft ¹⁰).

Man sieht jetzt, worauf sich die herrschende Lehre stützt: das Capitulare missorum p. 91 bezw. die Ann. Lauresh. erzählen, dass im Jahre 802 hohe Beamte als Königsboten ausgeschickt wurden; von diesem Jahre ab existieren eine ganze Anzahl Capitularia missorum; die Lücken, welche sich finden, lassen sich aufs Beste durch Urkunden ausfüllen, folglich, so wird geschlossen, geben die beiden Berichte die Erzählung von der Einsetzung des Institutes der ordentlichen Königsboten und nur vom Jahre 802 ab kann die jährliche Ernennung derselben datiert werden.

Die hohen Beamten der Ann. Lauresh. wurden abgeschickt mit allgemeiner Vollmacht, ut iustitiam facerent, also als ordentliche Königsboten. Deren Vorgänger, die pauperiores vassi, hatten ganz dieselben Befugnisse gehabt: denn sie waren ausgesandt worden ad iustitias faciendum. Es ist undenkbar, dass dieselben Worte in demselben Satze und in derselben logischen Verbindung in dem einen Fall etwas anderes bedeuten sollten als in dem andern. Die Vassi vor 802 sind ebenso ordentliche Königsboten, wie die hohen Beamten von 802 ab. Die Königsboten vor 802 und nach 802 unterscheiden sich von einander in nichts als in ihrer sozialen Stellung ¹¹). Das Amt und was

¹) Meichelbeck 1ᵇ, 93 Nr. 122, Anh. I. Nr. 48.   ²) Balzani 2, 151 Nr. 184, Anh. I. Nr. 49.   ³) Ratperl, Casus s. Galli c. 5. SS. 2, 64, Anh. I. Nr. 50.   ⁴) Muratori, Antiqu. 5, 953, Anh. I. Nr. 58.   ⁵) Cod. Long. 164 Nr. 88, Anh. I. Nr. 61.   ⁶) Mem. di ..urea 5ᵇ, 231 Nr. 385, Anh. I. Nr. 62.   ⁷) Balzani 2, 168 Nr. 207, Anh. I. Nr. 64.   ⁸) Denn für die Jahre 804, 807, 811 814 giebt es keine Capitularia missorum, und dass vom Jahre 802 ab jährlich ordentliche Missi ausgeschickt wurden, weiss er noch nicht.   ⁹) Die Worte ad iustitias faciendas fasst er zu eng s. 3², 451 u. 1 am Ende und 454.   ¹⁰) Sonst hätte er die ordentlichen Königsboten vor 802 ansetzen müssen.   ¹¹) s. auch Sohm 1, 482 u. 12, dagegen Waitz 3², 451 n. 1.

mit ihm zusammenhängt, ist dasselbe geblieben, nur die Inhaber desselben sind andere geworden ¹).

Ebenso wie die hohen Beamten in ihrer Eigenschaft als Missi um ihrer selbstwillen ins ganze Reich regelmässig ausgeschickt wurden, ebenso auch die Vassallen.

Auch die Königsboten vor 802 wurden jährlich ernannt. Das Cap. Mantuanum 781? p. 191 c. 10 bestimmt: De latronibus qui ante missi nostri minime venerunt, ut comites eos perquirant et ipsos ant. per fideiussores aut sub custodia serventur, donec missi ibidem revertunt.

Diese Verordnung ist nicht für einen einzelnen Fall gegeben, sondern für alle Zukunft: denn das Gesetz ist ein Capitulare per se scribendum. Die Missi, welche hier genannt werden, sind nicht ausserordentliche, sondern ordentliche Königsboten ²). Die Missi, deren Ladung vor Gericht die Räuber keine Folge geleistet haben, sind nicht dieselben ³), bis zu deren Wiederkehr die Räuber festgehalten werden sollen. Die Oertlichkeit, an welcher in beiden Fällen Königsboten thätig sind, ist in beiden Fällen dieselbe: denn sie kehren „ibidem" zurück: aber die Persönlichkeiten sind in beiden Fällen nicht dieselben, denn nicht die „idem missi" kehren zurück ⁴). „Donec missi ibidem revertunt" heisst also: bis wieder Missi dorthin kommen; es heisst, dass ein Kommen und Gehen der Königsboten stattfand, dass heute dieser, morgen jener seine Thätigkeit an einem und demselben Orte ausübte. Es heisst, dass die Königsboten regelmässig d. h., wie wir

---

¹) Dasselbe sagt auch der oben S. 210 n. 5 citierte Brief Alcuins, in welchem nur von der Wahl der richtigen Männer, nicht von der Einsetzung wandernder Missi überhaupt gesprochen wird.   ²) Ueber diese Auffassung vgl. was oben S. 205 beim Cap. Haristall. bemerkt wurde.   ³) Nach dem Sprachgebrauch der Kapitularien würde dies besonders hervorgehoben sein z. B.: p. 123 l. 20 f.: inter iam dictos missos et inventorem; p. 131 l. 18 u. p. 206 l. 37 f.: praedicti missi; p. 137 l. 16; p. 291 l. 9. 12; Nr. 202 c. 10; idem missi nostri: p. 138 l. 17; P. 501 l. 28; isti missi. Als daher Karl II. im ed. Pistense P. 494 c. 25 die Bestimmung des Cap. miss. Theod. II. 805 p. 123 c. 7. wiederholte, ist auch, da vorher keine Missi genannt sind, der Zusatz inter inndictos weggefallen.   ⁴) Das „revertere", statt dessen man vielleicht venire erwarten würde, bringt die Kontinuität missatischer Thätigkeit zum Ausdruck. Für die Bestrafung der Räuber ist es ganz unwesentlich, ob dies durch den Missus A. oder B. geschieht, genug dass es überhaupt durch den Missus geschieht. Nach dem Prinzip des Institutes erscheint der Königsbote B. ideell als dieselbe Person wie der Königsbote A, faktisch sind sie verschiedene Persönlichkeiten.

aus anderen Anhaltspunkten schliessen dürfen, jährlich in alle Theile des italienischen Reiches ausgeschickt wurden ¹).

Dieses für Italien gewonnene Resultat hat zugleich volle Gültigkeit für das ganze fränkische Reich. Denn Italien ist nicht ein im Ausnahmezustand befindliches, unter eigener Verwaltung stehendes Land, sondern ebenso ein abhängiger Theil der Gesammtmonarchie wie etwa Sachsen und Baiern. Die Königsboten, welche in Italien thätig sind, sind ebenso, und in noch höherem Masse, Sendboten Karls d. G. ²) als Sendboten Pippins ³). Von seiner Pfalz aus schickt Karl d. G. auch nach Italien seine Königsboten.

Die Abhängigkeit Italiens von der fränkischen Reichsregierung berechtigt dazu, die allgemeinen Verwaltungsmassregeln, welche sich zufällig in italischen Rechtsquellen erhalten haben, auf das gesammte fränkische Reich auszudehnen. Karl d. G. bevorzugte keineswegs Italien in dem Masse, dass er nur dessen Bewohner schützen wollte: ausdrücklich erzählen die Ann. Lauresh., dass er an alle Armen gedacht habe, qui in regno suo erant.

In gleicher Weise wie für Italien wurden auch für die andern Theile des Reiches die Königsboten jährlich ernannt.

Diese Ansicht findet ihre Stütze in den Capitularia missorum und den missatischen Gerichtsurkunden.

Die jährliche Aussendung der Königsboten in dem Zeitraum von 802—814 war gefolgert worden aus der Kombination der Capitularia missorum und der Urkunden. Daraus ergiebt sich, dass die Missi ihre Thätigkeit ausübten, obgleich in den betreffenden Jahren 804, 807, 811—814 kein Zeugnis aus den Gesetzen vorhanden ist, welches auf eine Wirksamkeit ordentlicher Königsboten hinweist. Dieselbe hat also stattgefunden, ohne dass eine Instruktion darüber erhalten ist. Die Capitularia missorum haben demnach nur relative Bedeutung; sie sind nur ein Zeugnis der gesetzgeberischen Thätigkeit Karls d. G. ⁴); ihre

---

¹) Pipp. cap. Pap. 787 p. 199 c. 10: missi nostri per regnum nostrum hoc debeant requirere.   ²) Cap. Mant. II. 787? p. 197 c. 7 in Verbindung mit p. 191 l. 35: placuit nobis Karolo . . . regis: Balzani 2, 142 Nr. 171 a. 798, Anh. I. Nr. 16: missus d. regis Karoli; Historiae patriae monumenta Chart. I, 34 a. 799, Anh. I. Nr. 20: in praesentia V. et A. missis d. Caroli regis; Ann. Lauriss. ad a. 799 SS. I, 184, Anh. I. Nr. 19, wo rex sich nur auf Karl d. G. beziehen kann.   ³) s. a. 1 und Pipp. cap. 790 p. 201 c. 5.   Missi Karls und Pippins finde ich Kar. cap. miss. ital. 781—810 p. 207 c. 13: si de palacio nostro aut filii nostri missus veniat, und Balzani 2 151 Nr. 184, Anh. I. Nr. 49: per iussionem . . . Karoli imperatoris vel domni regis pipini perexissemus nos . . . missi domnorum nostrorum.   ⁴) Vgl. auch Boretius, Beiträge zur Kapitularienkritik 97: „Solche Instruktionen sind im 8. und 9. Jahrhundert offenbar in grosser Masse abgefasst

Nichtexistenz in einem oder in mehreren Jahren ist kein Gegenbeweis zugleich für die Nichtexistenz ordentlicher Königsboten. Aehnliches gilt von dem urkundlichen Material. Das Fehlen von Urkunden in einem Zeitraume von beispielsweise 4 Jahren [1]) gestattet noch nicht den Schluss, dass in der Zwischenzeit keine Missi ausgeschickt wurden. Nachdem diese kritischen Gesichtspunkte für die Beurtheilung der Quellen gewonnen sind, kann ich dieselben ohne Weiteres sprechen lassen.

Es lassen sich in folgenden Jahren ordentliche Königsboten nachweisen [2]): 780 in Digne [3]), 782 bei Mettlach [4]) und in Narbonne [5]), 786 in Italien, Neustrien und Aquitanien [6]), 789 im ganzen Reich [7]), noch besonders bezeugt für Aquitanien [8]), 790 im Lahngau [9]) und Poitiers [10]), 791 in Freising [11]), Lorch [12]) und Melun [13]), 798 in Sachsen [14]), im südlichen Frankreich [15]) und in Spoleto [16]), 799 in Rom [17]) und in der Gegend von Novalese oder Turin [18]), 802 am 15. Februar in Mattighofen [19]) bei Passau.

Diese Zeugnisse beweisen, dass die Königsboten nicht erst vom Jahre 802 ab jährlich ernannt sein können. Sie beweisen, dass auch vor 802 in den verschiedensten Theilen des Reiches alljährlich, 780, 782, 789. 790, 791, 798, 799 ordentliche Königsboten thätig waren. Das so spärlich vorhandene Material bringt die Thatsache zum Ausdruck, dass die jährliche Ernennung vor dem Jahre 802 erfolgt sein muss.

---

worden und gewiss ist nur ein verhältnissmässig kleiner Theil überhaupt auf uns gekommen.'
[1] S. oben S. 213. [2] Nur diejenigen werden genannt, welche sich als solche genau bestimmen lassen. [3] Guérard, Carl. de St. Victor I, 43, Anh. I. Nr. 2. [4] Forschungen 3, 151, Anh. I. Nr. 4. [5] Vaissete 2b, 47, Anh. I. Nr. 5. [6] Ann. Naz. SS. I, 42, Anh. I. Nr. 6. [7] Dupl. leg. edictum p. 62, Anh. I. Nr. 7. *) Breviarium miss. p. 65. Dass hier die Thätigkeit der Missi seit Eroberung des Landes eine beständige gewesen, geht daraus hervor, dass Karl spricht de edicto quod d. noster Pipinus instituit et nos post modum pro nostros missos conservare et implere iussimus. S. Anh. I. Nr. 8. [9] Beyer I, 39 Nr. 35, Anh. I. Nr. 9. [10] Besly, préf. 17, Anh. I. Nr. 10. [11] Meichelbeck I b, 82 Nr. 103, Anh. I. Nr. 13. [12] ibid. 96 Nr. 129, Anh. I. Nr. 14. [13] Tardif 70 Nr. 92, Anh. I. Nr. 12. [14] s. oben S. 210, Anh. I. Nr. 17. [15] Theodulfi versus contra iudices M. G. Poet. lat. I, 496 f., Anh. I. Nr. 18. [16] Balzani 2, 142 Nr. 171, Anh. I. Nr. 16. [17] Ann. Lauriss. SS. I, 184, Anh. I. Nr. 19. [18] Mon. Patr. Ch. 1, 34, Anh. I. Nr. 20. - Ob die in der Urkunde bei Muratori, Antiqu. 5, 953 erwähnten Missi im Jahre 799 oder 800 thätig waren, ist nicht sicher; vgl. Anh. I. Nr. 23, wo die Literatur angegeben ist. [19] Mon. Boic. 28b, 66 Nr. 83, Anh. I. Nr. 24.

Das Institut der ordentlichen missi dominici als der Organe der Reichsregierung wurde vor dem Jahre 802 geschaffen, es trat mit oder bald nach dem Regierungsantritt Karls d. G. in Thätigkeit [1]).

Es entsteht die Frage, was hat das Capitulare missorum generale vom Jahre 802 p. 91, bezw. die Ann. Lauresh. sagen wollen [2])?

Ich wende mich zunächst zu den letzteren. Diese berichten nichts weiter, als dass Karl im Jahre 802 im Gegensatz zu früher, wo er sich der pauperiores vassi bedient, nunmehr hohe Beamte als ordentliche Königsboten ausgesendet habe. Solche Vassallen kommen in der That mehrfach, bis 802 überwiegend, vor [3]). Neben ihnen werden aber auch bereits Erzbischöfe [4]), Bischöfe [5]), Aebte [6]) und Grafen [7]) als Königsboten verwendet. Was demnach der Annalist bezw. dessen Quelle, das Cap. miss. generale, als eine absolute Neuerung darstellen und auch von den Forschern als solche betrachtet wurde, kann nur angesehen werden als eine relativ neue Einrichtung.

Eine Gewohnheit, welche schon in früheren Jahren je nach den Umständen, ohne dass allgemein-gültige Gesichtspunkte massgebend gewesen wären, geübt ward, wird jetzt durch Reichsgesetz zum Prinzip erhoben: vor 802 sind auch hohe Beamte als ordentliche Königsboten thätig, von 802 ab werden nur diese als Missi ins Reich geschickt [8]). Die Neuerung ist nicht eine absolute, insofern als überhaupt Erzbischöfe, Bischöfe und Grafen ernannt werden, sondern sie ist eine relative, insofern als nur diese verwendet werden.

Das Jahr 802 bezeichnet also nicht die Einsetzung eines ganz neuen Institutes, sondern die Einführung eines neuen prinzipiellen Gedankens, die Reorganisation einer alten Einrichtung.

Die Beweggründe, durch welche Karl d. G. bestimmt wurde, diese Umgestaltung vorzunehmen, spricht unsere Hauptquelle mit klaren unzweideutigen Worten aus [9]): Es war das Mitleid des milden, auf das Wohl seiner Unterthanen bedachten Herrschers für die Bedrückun-

---

[1]) Die Einsetzungsurkunde ist jedenfalls verloren gegangen. Sicher kann nicht das Cap. Harist all. 779 p. 46 als diese gelten; s. was oben S. 205 darüber bemerkt wurde. [2]) Dem Bericht der Ann. Guelf. ad a. 801 SS. I, 45 kann ich, als einer Abteilung, keinen Werth beimessen, s. Wattenbach, Deutschlands Geschichtsquellen I⁵, 139. [3]) S. 216, n. 3 5, 8, 10 14, 16, 18. Waitz 3", 150. [4]) l. c. n. 18, 19. [5]) l. c. n. 12. 15. [6]) l. c. n. 9, 16, 18. Waitz l. c. [7]) l. c. n. 11, 14. [8]) Sohm I, 483 n. 12 fasst die Sache auch nicht scharf genug. [9]) Ann. Lauresh.: recordatus . . . de pauperibus qui . . . institiam suas pleniter abere non poterant. Ueber den Einfluss Arns und Alcuins s. Zeissberg l. c. 336 f., der mir aber den Antheil seines Helden etwas zu übertreiben scheint.

gen und Leiden der niederen und schwächeren Volksschichten ¹). Die Einsicht in die Unhaltbarkeit der bestehenden unsicheren Rechtsverhältnisse, in denen der Bestechung Thor und Thür geöffnet war ²), die Erfahrung, welche Karl gemacht, dass selbst seine Sendboten für Geschenke zugänglich seien ³), veranlassten ihn, zu den hohen Beamten, deren Stellung die Nothwendigkeit der Annahme von Geschenken ⁴) und den Verdacht der Bestechlichkeit ausschloss, seine Zuflucht zu nehmen und diesen die Befugnisse ordentlicher Königsboten anzuvertrauen.

Hierbei waren aber, wenn man die Frage aufwirft, warum Karl erst 802 eine auch vordem geübte Massregel prinzipiell anwendete, andere Motive wirksam gewesen.

Ranke ⁵) hat bereits in einer Beziehung darauf hingewiesen, wenn er meint, das Institut der Missi wäre eigentlich erst nach der Kaiserkrönung eingesetzt worden, da erst die kaiserliche Gewalt die Autorität des Herrschers auch über die Geistlichkeit vollendet habe. Man wird nicht zu weit gehen, wenn man behauptet, dass die kaiserliche Gewalt, wie sie im Allgemeinen ihrem Inhaber eine erhöhte Bedeutung gab, demselben überhaupt eine grössere Macht über alle Reichsbeamten verliehen habe. Erst der Kaiser Karl konnte sich für berechtigt ansehen ⁶), hohe Beamte, welche bereits im Reiche ⁷) als Erzbischöfe, Bischöfe und Grafen ihre Aemter zu verwalten und ihre Pflichten und Befugnisse zu erfüllen hatten, auch noch seinen besonderen Zwecken dauernd dienstbar zu machen.

Der fränkische König konnte nur seine Vassallen, Leute niederen Standes, als seine Sendboten benutzen; der römische

---

¹) Vgl. hierzu Eichhorn, Deutsche Staats- und Rechtsgeschichte I⁵, 535.
²) Alcuini carm. 45 u. 800, M. G. Poetae lat. 1, 258 v. 47 51; Theodulfus contra iudices l. c. 498 f. v. 167 257 und dazu die Schilderung aller dieser Verhältnisse, auf Grund von Theodulfs Beschreibung, von Monod: Les moeurs indiciaires au VIIIieme siècle in der Revue historique t. 35 (1887).   ³) Nach den Ann. Lauresh. werden die vassi nicht mehr geschickt propter munera. Theodulf, nach der oben angeführten Stelle, führt fort:
v. 259 f.: Electore sic properant me, nec tamen esse putarent
Talem, ni talis ante fuisset ibi.
Alcuin im 126. Brief, Jaffé, Bibl. 6, 509 klagt, nachdem er wegen Ernennung von Missi Rathschläge gegeben (s. oben 210 u. 3.): Sed pro dolor! rari inveniuntur, quorum ingrata in Dei timore mens omnem respuat cupiditatem.   ⁴) Ann. Lauresh.: qui iam opus non abebant super innocentes munera accipere.
⁵) Ranke 5ᵇ, 200.   ⁶) Waitz 3², 203: „Der neue Kaiser fühlte sich in seiner Stellung überhaupt gehoben; er sprach es aus, dass er glaube, neue Rechte und Pflichten empfangen zu haben."   ⁷) Ann. Lauresh.: elegit in regno suo.

Kaiser konnte hochgestellte Persönlichkeiten als ordentliche Königsboten ins Reich aussenden. Der fränkische König entnahm sein Material dem beschränkten Gebiet seiner Pfalz[1]; dem römischen Kaiser stand das unbeschränkte Gebiet seines Reiches zur Verfügung, aus welchem er sich die Personen, welche ihm dienen sollten, wählen konnte.

Dazu kommt, wenn ich recht sehe, noch ein anderes Moment. Der ordentliche Königsbote war, wie wir gesehen haben, in die fränkische Verfassung als ein ordentlicher Beamter der Reichsregierung eingefügt worden. Diese hatte ihre Repräsentation im König der Franken gefunden. Aber der fränkische König war im Jahre 800 römischer Kaiser geworden. Karl d. G. übte die Centralgewalt nicht mehr aus als fränkischer Grosskönig, sondern als römischer Kaiser[2]). Die Reichsregierung war aus einer königlichen zu einer kaiserlichen geworden; die Reichsregierung fand nach 802 ihren Ausdruck im Kaiser.

Diesem Wechsel in der Person des Inhabers der Centralgewalt musste folgerichtigerweise auch ein Wechsel in der Person seines Stellvertreters entsprechen. Karl konnte nicht mehr arme Vassallen zu Königsboten verwenden, sondern er musste seiner neuen Würde Rechnung tragen und hochgestellte Persönlichkeiten als seine Beamten ins Reich senden.

Die hohen Reichsbeamten in ihrer Eigenschaft als ordentliche Königsboten sind ein Ausdruck der kaiserlichen Gewalt Karls d. G.

Man sieht, innere Verhältnisse und äusserliche Machtmittel wirkten zusammen, um einer alten Einrichtung ein neues Gepräge zu geben. Die unsicheren Rechtszustände, die Bestechlichkeit selbst der königlichen Sendboten verlangten dringend eine Abhilfe, drängten zu einem Wechsel der Personen[3]). Die kaiserliche Gewalt, welche schon an und für sich anderer Werkzeuge zur Bethätigung ihrer Macht bedurfte, gab die Möglichkeit, diesen Wechsel in der einzig wirksamen Weise vor-

---

[1] l. c.: de infra palatio pauperiores vassos. Man beachte die Uebereinstimmung der Ausdrücke: de infra palatio und missi de palatio no tro discurrentes, wie sich letzterer in der Publikations- und Verbotsformel der Königsurkunde seit dem Regierungsantritt Pippins findet. Vgl. M. 71, 89, 106, 109. [2] Deshalb liess er sich 802 einen neuen Eid schwören, welcher nur seine kaiserliche Würde betont, vgl. Waitz l. c. 221 f. und 296 f. Ich stimme letzterem l. c. 204 vollständig bei, wenn er sagt, dass das fränkische und langobardische Königthum in das Kaiserthum aufgegangen seien. Dagegen Sickel, Acta I, 263. [3] Deshalb wurden zuweilen schon geistliche und weltliche Grosse ausgeschickt.

zunehmen, das, was vorher nur aushilfsweise geschah, prinzipiell durchzuführen: Das Zusammenwirken beider Momente ergab als Resultat die Reorganisation des Institutes im Jahre 802.

Die Einführung des neuen Prinzipes hatte zur Folge, dass die ganze Einrichtung einen neuen Glanz und eine erhöhte Bedeutung erhielt. Denn es konnte nicht gleichgültig sein, ob der Apparat von schlechten und ungeschickten oder von guten und geschickten Händen bedient wurde, ob ein Mann aus niederem Stande oder eine Persönlichkeit aus dem Kreise der hohen Beamten dem Volke zu Hilfe kam. Dadurch wurde zugleich erreicht, dass die Gewalt, deren Stelle die Missi vertraten, in deren Namen sie thätig waren, bei allen Schichten der Bevölkerung an Ansehen und Achtung gewann, dass sie von dieser als diejenige Macht angesehen wurde, von welcher sie allein Hilfe erwarten konnte.

Auch in diesem Sinne kann man die Missi dominici auffassen als die Organe der Reichsregierung.

Diese ihre Stellung bedingte, — wenn man sich vergegenwärtigt, dass sie als Vertreter der Centralgewalt ein Gegengewicht bilden sollten gegenüber den territorialen Gewalten, welche andere Zwecke und Ziele verfolgen, als es der Einheitsstaat thun kann, — dass sie von dem Schauplatz ihrer Thätigkeit losgelöst waren, dass sie zu demselben keine Beziehungen hatten, demselben fremd gegenüber standen [1]). Denn sobald sich erst der Königsbote mit seinem Bezirk in territorialem Zusammenhang befand, sobald dessen Interessen auch die seinigen wurden, konnte von einer wirksamen und thatkräftigen Vertretung der staatlichen Interessen nicht mehr die Rede sein.

Dieser Grundsatz kommt zum Ausdruck in der Thatsache, dass sich Karl anfangs der Vassallen, welche an seinem Hofe lebten und dort die Mittel zum Unterhalt empfingen [2]), als seiner Stellvertreter bediente, dass die Reichsbeamten nicht an denjenigen Orten ihre Thätigkeit ausübten, wo sie angesessen und begütert waren [3]).

---

[1]) Waitz 3², 461 f. Deshalb kann man auch nicht, wie es Ranke l. c. thut, davon sprechen, dass sie fast eine Territorialgewalt ausübten; dies wäre doch nur bei dauernder Ansässigkeit möglich gewesen. [2]) Waitz 3², 542; 4², 252. 255. [3]) Deshalb spricht das Cap. miss. 819 p. 291 c. 25 von dem Grafen, qui in aliquod missaticum directus est. Deutlicher wird das Verhältnis aus den Urkunden: 790 Ascarius Abt von Prüm in rechtsrheinischen Gauen, Anh. I. Nr. 9: 791 Gerold Graf von der Berchtoldsbar in Freising und Lorch, Anh. I. Nr. 13, 14; 799 Wirund Abt von Stablo und Winegis Herzog von Spoleto in Rom, Anh. I. Nr. 19; 798—802 Paulinus Patriarch von Aquileja, Arn Erzbischof von Salzburg, Fardull Abtvon St. Denis, Pfalzgraf Echerigus in der Gegend von

Eine scheinbare Ausnahme, welche wegen ihres häufigen Vorkommens fast als Regel anzusehen ist, machte Karl mit den Erzbischöfen, welche öfters innerhalb des Bereichs ihrer Kirchenprovinz zugleich die Befugnisse als Königsboten ausübten [1]). Der Grund hierfür liegt nicht so fern. Bei dem Gegensatz, welcher zwischen der bischöflichen und weltlichen Macht immer fortbestand, bei dem Interesse, welches die Geistlichkeit an einem geordneten Rechtszustand haben musste, wurde sie, schon durch den Trieb der Selbsterhaltung, zu Freunden einer **starken** Centralgewalt und zu Gegnern der Stammesverfassung [2]). An den Erzbischöfen fand Karl demgemäss, sofern diese an sich tüchtige Männer waren, die natürlichsten und besten Werkzeuge zur Ausführung seiner Absichten; und es zeugt von seiner staatsmännischen Grösse, mit richtigem Scharfblick die berufensten Vollstrecker seines Willens gefunden zu haben.

Als Folge des, trotz der erwähnten Ausnahme bestehenden und gültigen, Prinzipes ist es aufzufassen, dass die Ernennung der Königsboten allein durch den Kaiser, nur mit Zuziehung seiner Räthe, aber ohne Mitwirkung des Reichstages [3]), vorgenommen wurde.

Turin oder Pistoja, Anh. I. Nr. 23; 802-811 Audulf Graf des Taubergaues in der Gegend von Freising und Otingen, Anh. I. Nr. 29, 48, 55, 56; 802 und 806 Adalwin Bischof von Regensburg in Freising und am Inn, Anh. I. Nr. 31, 48; Deotker Abt von Herrieden b. Ansbach in Regensburg und Umgegend von Passau, Anh. I. Nr. 29, 38; 804 Kadolah Markgraf von Friaul und Graf Ajo aus Friaul in Istrien, Anh. I. Nr. 37; 807 Wulfar Erzbischof von Reims in Rhätien, Anh. I. Nr. 50; 810-814 Adalhard Abt von Corbie in Italien, Anh. I. Nr. 54, 61, 62, 64. S. auch Waitz 3², 461 f. Auf die beiden übrigen Stellen aus den Kapitularien werde ich bei anderer Gelegenheit zu sprechen kommen.
[1]) Die Erzbischöfe Arn von Salzburg, Magenard von Rouen, Magnus von Sens und Wulfar von Reims s. Anh. I. Nr. 14, 24, 27 · 31, 35, 38, 48. ²) Aehnlich auch Ranke 5ª, 201. ³) Boretius, Kapitularien im Langobardenreich 17 und 72 hat, meiner Ueberzeugung nach, unwiderleglich auf Grund der Ann. Lauresh. ad a. 802 nachgewiesen, dass von einer Wirksamkeit des Reichstages bei der Wahl der Missi in keiner Weise die Rede sein kann. Auch in dem, was er über die selbständige Abfassung der Capp. miss. seitens des Kaisers l. c. u. S. 86, 88 bemerkt, und in dem Schluss, welchen er daraus auf die Abwesenheit des Reichstages zieht, stimme ich ihm ganz bei. Auf die Beschränkungen, welche für die spätere Zeit gemacht werden müssen, werde ich gleich zu sprechen kommen. Vgl. auch Simson, Karl d. G. 2, 271. Ganz unbestimmt ist Waitz 3², 162, welcher nur die Absendung von 802 im Auge hat. Aufs schlagendste wird die vorgetragene Ansicht bewiesen durch eine, soweit ich sehe, für diese Frage noch nicht herangezogene Stelle aus dem 126. Brief Alcuins an Arn, Jaffé, Bibl 6, 509 s. oben 210 n. 3: de missorum electione, qui discurrere intentur in•titia- faciendas, scia certissime et hoc me saepius fecisse, et suis quoque suadere consiliariis. Auch die Verweisung der Königsboten an das

Aus der ganzen Regierungszeit Karls d. G. lässt sich daher weder aus den Capitularia missorum, welche doch zunächst einen Aufschluss nach dieser Richtung hin geben müssten, noch aus den Urkunden, wie wir das unten bei Ludwig sehen werden, irgend ein Beweis erbringen, dass in Anwesenheit und demgemäss in Abhängigkeit vom Reichstage die Königsboten ernannt und abgeschickt worden seien. Der Herrscher als der Repräsentant der Centralgewalt wählt sich, ohne an äussere Schranken gebunden zu sein, nur mit Rücksicht auf die Lage der Dinge und auf das Wohl der Unterthanen seine Stellvertreter; weder die Grossen, noch das Volk durften, wenn die Königsboten überhaupt ihren Zweck erfüllen sollten, irgend welchen Einfluss bei der Ernennung derselben ausüben.

II.

Dieses Vorrecht der freien, unbeschränkten Wahl der eigenen Beamten, auf welches Karl d. G. nachweislich nie verzichtet hat, gab Ludwig gleich beim Antritt seiner Regierung ein für alle Mal auf [1]). Sei es, dass er sich selbst der Verwaltung eines so ausgedehnten Reiches in allen Einzelheiten, wie sie sein grosser Vater geübt hatte, allein nicht gewachsen fühlte [2]) und bei seiner Unselbständigkeit, welche stets der Leitung bedurfte [3]), von selbst eine Stütze und einen Halt suchte, sei es, dass schon damals die Grossen des Reiches ihren verderblichen Einfluss ausübten; genug, die Ernennung der missi dominici lag von nun an in den Händen des Reichstages. So wenig sich diese Thatsache unter Karl d. G. nachweisen liess, um so deutlicher und klarer tritt sie bei seinem Nachfolger zu Tage. Die Ann. Einh. berichten von Kaiser Ludwig zum Jahre 814 SS. 1. 201: Habito Aquisgrani generali populi sui conventu, ad [4]) institias faciendas et oppressiones popularium relevandas legatos in omnes regni sui partes dimisit.

placitum generale, Boretins 145. c. 2 u. 5, besagt nur, dass sie sich beim Kaiser Rath holen sollen z. Z. des allgemeinen Reichstages, wie es p. 101 c. 19 heisst: in praesentia nostra. Mit dem placitum generale ist nur eine Zeitbestimmung gegeben; der kompetente Ort, wo die Verhandlungen zwischen Kaiser und Königsboten stattfinden, ist das proximum placitum, quod cum ipsis ipissis habituri immus p. 125 c. 13.
[1]) Ueber die Entwicklung des Sendbotenamtes vom Tode Karls d. G. ab hat, mit besonderer Berücksichtigung der Verhältnisse unter Karl II., v. Kalckstein, Robert der Tapfere, Markgraf v Anjou 123 ff. eine kurze Skizze gegeben.
[2]) Ranke 6, 90.   [3]) Dünmler 1², 40.   [4]) Ich glaube, dass das Komma vor

Nach diesem Zeugnis allein könnte es allerdings scheinen, als ob Ludwig nach beendetem Reichstag (habito conventu), unabhängig von demselben seine Missi ernannt und abgeschickt habe. Einer solchen Auslegung steht aber der unzweideutige Ausdruck des Chron. Moiss. ad a. 815 [1]) SS. 1, 311 entgegen: (Ludwig) habuit consilium magnum in Aquis . . . mandavit etiam missis et comitibus suis, ut iusticias facerent. Der Reichstag ist noch versammelt, als der Kaiser seine Befehle ertheilt. Die Massregel wird also in Abhängigkeit von den Beschlüssen des Reichstages vorgenommen.

Diese thatsächliche Mitwirkung geht unwiderleglich hervor aus Form. imp. Nr. 14 p. 296: Nos . . . post decessum d. nostri Karoli decrevimus cum proceribus ac fidelibus nostris ut per omnes provincias regni . . . legatos mitteremus [2]). Nicht mehr der Kaiser allein, sondern der Kaiser mit den Grossen des Reiches [3]), nicht mehr der Kaiser nach eigenem, freien Ermessen, unter Zuziehung seiner vertrautesten Räthe, sondern der Kaiser, gebunden an die Vorschläge

---

ad iustitias, nicht vor legatos zu setzen ist, wie das auch ganz richtig bei Enh. Ann. Fuld. ad a. 814 SS. 1, 356 geschehen ist. Denn die mit ad eingeleiteten Gerundiven bezeichnen doch offenbar die Thätigkeit der Missi und nicht den Zweck des Reichstages; s. auch Waitz 3². 478 n. 1. Ueber den Reichstag selbst: Simson, Ludwig d. F. 1, 25 f.

[1]) Ueber die Zugehörigkeit zum J. 814 s. Simson 1. c. n. 7. [2]) Bekanntlich giebt diese Formel, ebenso wie die erwähnte Stelle des Chron. Moiss., die Befugnisse der in diesem Jahre ausgeschickten Königsboten näher an — vgl. auch Simson 1, 26 n. 1 — eine Notiz, welche, wie es scheint, übergegangen ist in eine Urkunde über ein Missatgericht vom 1. Februar 814 bei Champollion-Figeac, Documents hist. inedits 3, 413 (auch bei Waitz 3², 478 n. 1). Dieses Placitum, datirt „die lunis primo quodam menses febroarius in anno . . . primo imperante . . . Ludovici imperatoris", kann unmöglich am 1. Febr. 814 abgehalten worden sein. Karl d. G. starb Sonnabend den 28. Januar, Ludwig befand sich zu dieser Zeit zu Doué an der Nordgrenze von Aquitanien (Simson, Ludwig d. F. 1, 10). Da nun der Königsbote schon am 1. Februar in Tournus zu Gericht sitzt, hätte er den Auftrag dazu mindestens am 31. Januar erhalten d. h. die Nachricht vom Tode Karls hätte innerhalb zweier Tage von Aachen an die Loire gelangen müssen. Dass dies unmöglich war, bedarf keines Beweises. Ein anderer Widerspruch, welcher weder von Waitz, der die Urkunde zu 815 setzt, bemerkt worden ist, noch von Simson 1. c., welcher leise Zweifel wegen des Datums hegt, noch von Mühlbacher 500 i, welcher für das Jahr 814 hinzuneigen scheint, liegt in der Tagesbezeichnung. Weder 814 noch 815 trifft der 1. Februar auf den Montag; dies tritt erst 818 ein. Man könnte deshalb geneigt sein, die Urkunde dem Jahre 818 zuzuweisen, wenn nicht 3 missi des Erzbischofs und mi . . . d. imperatoris Leydrad (von Lyon) erwähnt würden, welcher bereits 816 starb. Wie lassen sich alle diese Widersprüche vereinigen? Anh. 1. Nr. 69. [3]) S. auch Simson 1. c.; Waitz 1. c. hat dies ganz übersehen.

und die Zustimmung des Reichstages ernennt und entsendet die Beamten der Reichsregierung [1]). Diese Neuerung bedeutet gegenüber den von Karl d. G. für das Institut der missi dominici so folgerichtigerweise aufgestellten und durchgeführten Grundsätzen einen entschiedenen Rückschritt und bezeichnet den Beginn einer neuen Periode in der Geschichte der Königsboten. Denn gerade das, was Karl bezweckt hatte: eine von Parteiinteressen unbeeinflusste Vertretung der allgemeinen staatlichen Interessen wurde, sobald erst die von Eifersucht gegen einander und von Auflehnungsgeist gegen das Staatsoberhaupt erfüllten [2]) Grossen ihre Hand bei der Ernennung der Missi im Spiele hatten, von vorneherein in Frage gestellt. Je schwächer der Herrscher und je mächtiger demgemäss die Grossen, um so grösser war deren Einfluss bei der Wahl der Königsboten, um so mehr trieben sie Parteipolitik und Günstlingswirthschaft. Man wird deshalb nicht zu weit gehen, wenn man behauptet, dass Ludwig dadurch, dass er in diesem Punkt nachgab, den ersten verhängnisvollen Schritt gethan hat, welcher zum Verfall und zum Untergang des ganzen Institutes führte.

Denn das war von vorneherein ausgeschlossen, dass er oder seine Nachfolger das Recht, welches er einmal aufgegeben und an die Grossen abgetreten hatte, wieder erlangen und dadurch den schweren Fehler, welchen er begangen, würde wieder gut machen können. Und so kommt es, dass von jetzt an, das heisst seit dem Regierungsantritt Ludwigs, jedesmal, wenn in den Quellen ausdrücklich von einer Ernennung von Königsboten die Rede ist, der Reichstag, beziehungsweise die auf demselben versammelten Grossen als mitwirkende Faktoren genannt werden. Dies ist der Fall: 825 [3]), 828 [4]), 834 [5]),

---

[1]) Dadurch erfährt die Behauptung von Borctius oben 221 n. 3, welcher die Selbständigkeit Karls d. G. auf alle Könige ausdehnt, eine wesentliche Einschränkung.   [2]) S. auch Ranke 6, 91.   [3]) Admon. ad omnes reg. ordines 823 825 p. 305, c. 14: per missos nostros, quos ad hoc ordinaverimus, in Verbindung mit Simson 1, 241 n. 12 und Mühlbacher 774, denen ich mich in Bezug auf die Entstehung dieses Kapitulare auf dem Reichstag zu Aachen August 825 anschliesse. Mit Mühlbacher 775 bin ich gegen Simson 1, 246 n. 2 der Meinung, dass die p. 308 genannten Missi eben diejenigen sind, deren Bestellung im Gesetz angezeigt wird, und dass sie von denen unterschieden werden müssen, welche nach c. 20 im November ausgeschickt werden sollen. Die Aachener Gesetzgebung 817—819 p. 261 ff. lasse ich vorläufig ausser Betracht, da über das Verhältnis der Capitularia missorum zum Reichstage an anderer Stelle zu handeln ist.   [4]) Epist. gen. 828, Nr. 185: in isto presenti placito cum fidelibus nostris consideravimus ... ut missos nostros per universum regnum nostrum mitteremus; M. 829. Ueber den Aachener Reichstag: Simson 1, 310 ff., M. 826 b.   [5]) Vita Hlud. c. 53 SS. 1.

846 ¹), 853 ²), 864 ³) und das letzte Mal 865 ⁴). Alle diese Zeugnisse lassen keinen Zweifel, dass die Ernennung der Königsboten nicht mehr dem Herrscher allein zusteht, sondern ganz in die Hände der Grossen gelegt ist. Die Folge davon ist, dass diese schliesslich geradezu als diejenigen bezeichnet werden, von welchen die Absendung der Königsboten ausging, dem König dagegen nur ein Zustimmungsrecht bleibt, wie dies am besten daraus hervorgeht, dass es in der Synodus Suess. 853 P. 417 c. 6 b von der Synode heisst: statuit annitente⁵) pio principe, ut idonei legati dirigerentur. Es ist daher als eine reine Formalität anzusehen, wenn trotzdem in den Kapitularien der König als die maassgebende Persönlichkeit bei der Ernennung erscheint ⁶).

Dieses Zugeständnis, welches Ludwig und seine Nachfolger den Häuptern der Aristokratie gemacht, hatte eine Neuerung im Gefolge,

---

639: Habuit autem eo tempore . . . conventum generalem in Attiniaco palatio . . . Missos etiam per civitates et monasteria transmisit, statumque ecclesiasticum pene conlapsum in antiquum statum erigi iussit: itemque praecepit, ut missi per singulos comitatus irent, qui inmanitatem praedonum et latronum, quae inaudita emerserat, coiberent. Simson 2, 120; M. 902 g.

¹) Kar. II conv. in villa Sparnaco P. 389 c. 11: ut missi dirigantur, qui inquirant, si praecepta a nobis (sc. episcopis) de rebus ecclesiarum ad proprium sint facta, in Verbindung mit der Vorrede P. 388: Haec quae sequuntur capitula excerpta sunt a. d. rege Karolo et principibus eius, ex his capitulis quae . . . ediderunt episcopi . . . Ex omnibus illis capitulis haec tantum observanda et complacenda sibi collegerunt . . . dicentes . . . ista se velle cum principe observare. S. Dümmler 1², 291.   ²) Kar. II. conv. Silvac. P. 424. c. 1: Nostri seniores . . . consideraverunt cum communibus illorum fidelibus de Dei servitio et s. ecclesiae ac regni statu . . . et ordinaverunt missos per regnum illorum. Anh. I. Nr. 137 f. v. Kalckstein S. 25 hat diese Stelle ganz falsch verstanden; er hält die nostri seniores für die Vorfahren Karls II! Es sind natürlich die beiden Könige Lothar I. und Karl II. gemeint.   ³) Karl II. ed. Pist. P. 499 c. 35: Et sciant comites nostri, quia per singulos comitatus missos nostros dirigemus, in Verbindung mit der Anrede P. 488: capitula, quae . . . una cum fidelium nostrorum consensu atque consilio constituimus. Ueber den Reichstag s. Dümmler 2², 105, 109.   ⁴) Pactum Tusiac. P. 501 Ueberschrift: Haec quae sequuntur capitula misit d. rex Karolus in Burgundiam exequenda per G. . . . de Tusiaco. S. Dümmler 2², 111 ff. Wie die Worte aufzufassen sind, wird gleich gesagt werden.   ⁵) Durch die Uebersetzung des „annitor" mit „beistimmen" glaube ich dem Sinn am nächsten gekommen zu sein. Schrörs, Hinemar, Erzbischof von Reims 74 sagt: „Der König verhiess Königsboten zu senden."   ⁶) Das folgende eine Beispiel genügt zur Beleuchtung der Thatsachen: Episcop. relatio 829 Nr. 196, Anrede: serenitas vestra . . . legatos strenuos delegavit in Verbindung mit S. 224 n. 4.

welche in dem Sinne, wie Karl d. G. das Institut der Königsboten ausgebildet hatte und benützt wissen wollte, einen entschiedenen Rückschritt bedeutete. Es führte dazu, dass die Missi, welche unter der Regierung Karls dem Schauplatz ihrer Wirksamkeit fremd, weil daselbst nicht angesessen, waren, nunmehr gerade an den Orten, wo sie angesessen und begütert sind, ihre missatische Thätigkeit ausübten. Es führte dazu, dass die Gewalt, welche den Sendboten nur vorübergehend, für die Dauer des Auftrages gegeben war, dem einmal zum Missus bestellten Beamten verblieb, dass die Gewalt aus einer ausserordentlichen zu einer ordentlichen, ständigen wurde.

Unter dem Einflusse der fränkischen Grossen bildete sich die neue Klasse der ständigen Königsboten [1]), ist das Institut der wandernden Königsboten verfallen und untergegangen.

Als Karl d. G. die Königsboten zu Beamten der Reichsregierung erhob, hatte er an dem Grundsatz festgehalten, seine Stellvertreter unabhängig von äusseren Ereignissen, aus inneren Gründen, um ihrer selbst willen, alljährlich in alle Theile der Monarchie auszusenden. Aber schon sein erster Nachfolger gab dieses Prinzip auf, da die Voraussetzungen zu seiner Durchführung fehlten: der feste Wille des Herrschers Ordnung und Sicherheit zu schaffen und die nöthige Kraft es thun zu können.

Im Anfang seiner Regierung zwar liess Ludwig es seine erste Sorge sein, Sendboten in sein neues Reich auszuschicken, um etwaige Uebelstände zu beseitigen [2]). Aber davon, dass die Missi von Jetzt an jährlich nach allen Richtungen hin entsendet worden wären, um gleichmässig in allen Theilen des Frankenreiches ihre Wirksamkeit auszuüben, ist unter Ludwig und seinen Nachfolgern nicht mehr die Rede [3]).

---

[1]) Anders Ficker 2, 12, welcher die Entstehung der ständigen Königsboten herleitet von dem Aufhören der jährlichen Bereisungen und der Unmöglichkeit, für jeden, vor das Königsgericht gehörenden Fall einen besonderen Königsboten zu bestellen. Aber die Aufhebung der regelmässigen Thätigkeit der Missi ist doch eine Folge der politischen Verhältnisse; der für Ficker massgebende Grund kann deshalb erst in zweiter Linie in Betracht kommen.
[2]) s. oben S. 222 f., Waitz 3², 477 f. und Simson 1, 26, welche die übrigen Quellen anführen. [3]) Zu diesem Schluss führt, trotzdem die Urkunden dagegen zu sprechen scheinen, der auffallende Umstand, dass in der Zeit Ludwigs in den erzählenden Quellen mehrere Male die Ernennung von Königsboten für das ganze Reich ausdrücklich erwähnt wird. Aus der Regierungszeit Karls finde ich, abgesehen von der Erzählung der so wichtigen Reorganisation im Jahre 802, keinen einzigen analogen Fall. Den Zeitgenossen Karls war die Thätigkeit der Königsboten in allen Gegenden etwas so Selbstverständliches, dass sie die jähr-

Die Gründe hiefür liegen auf der Hand. Ludwig hatte, schwach und unselbständig wie er war, seinen Grossen eine Antheilnahme bei der Ernennung seiner eigensten Beamten eingeräumt. Nichts lag näher, als dass die Aristokraten diesen Fehler ihres Herrn für sich und ihre Interessen ausbeuteten: entweder beförderten sie ihre Parteigänger, die mit ihnen durch gleiche Absichten verbunden waren, in die wichtigen Stellungen von Königsboten und machten dadurch von vornherein den Zweck dieser Beamten illusorisch, oder sie hintertrieben, da es dem Kaiser an der nöthigen Widerstandskraft fehlte, gänzlich die Aussendung der Missi.

So kommt es, dass gleich in den ersten Jahren der neuen Regierung die Königsboten ihre Aufgaben und Pflichten nicht erfüllten, dass die Klagen über ihre Ungerechtigkeit, der sie doch steuern sollten, sich häuften [1]), dass sie immer wieder an den Ernst und die Verantwortlichkeit ihres Amtes und an die Beobachtung ihrer Pflichten gemahnt werden mussten [2]). Die Schuld an dem Niedergange des Institutes schoben die Königsboten — bezeichnender Weise — natürlich nicht sich selbst zu, sondern dem Kaiser und der mangelhaften, ungenügenden Instruktion [3]). Mag dies vielleicht auch eine der Ursachen ge-

---

liche Ernennung derselben nicht jedesmal für erwähnenswerth hielten. Wenn aber gleich nach dem Tode dieses Kaisers die Biographen des Nachfolgers mit einer gewissen Genugthuung davon sprechen, dass auch der neue Kaiser Missi in sein Reich ausgeschickt habe und diese Thatsache in den betreffenden Jahren gewissenhaft anmerken, so muss man daraus schliessen, dass die Absendung von Königsboten den Zeitgenossen Ludwigs nicht mehr so selbstverständlich erschien. Das Schweigen der Quellen unter Karl weist auf eine regelmässige Thätigkeit der Missi hin, ihr Plaudern unter Ludwig auf das Gegentheil.
[1]) Illud. prooemium 818—819 p. 274 l. 40 ff.: Et quoniam . . . missos per singula loca destinassemus, et invidente diabolo per tirannicam pravitatem praepeditum fuisset, quia Dominus de his . . . triumphare concessit et pacem undique donavit; Legationis cap. 826? p. 209 l. 31 f.: cum vos interrogassemus, non sic nobis responsum est, ut in eo responso sufficere potuisset ad eandem dispositionem, quam rerum necessitas ad communem utilitatem pertinentium poscere videbatur, vel quae nobis aliquod securitatis solatium afferre potuisset. Aus späterer Zeit: Kar. II. ed. Carisiac. 861 P. 476 l. 32: aliqui missi . . . minus intelligentes devotionem voluntatis nostrae, et obsequentes intentioni suae voluntatis, quasdam adinventiones . . . et in mallatione et in exactione intromittunt. Vgl. auch die Erzählung bei Agobard, De insolentia Judaeorum Opp. 60 f. [2]) S. Waitz 3², 475 f., dazu Commemoratio 825 p. 309 c. 2: inde tamen debent esse soliciti (sc. missi) ut propter illorum neglegentiam nihil in sua legatione incorrectum remaneat; Capp. de monasteriis p. 322 c. 2: et per vim nihil agere qui missus est presummat; ferner Cap. miss. Wormat. 829 Nr. 192 c. 11; Kar. II. conc. in Verno 844 P. 384. c. 2. ³) S. Waitz I. c. 479.

wesen sein, der Hauptgrund war doch der, dass, wie Waitz sehr richtig bemerkt, „dieser Einrichtung, wie überhaupt der ganzen Regierung die wahre Kraft und sichere Leitung vom Mittelpunkte des Staates aus fehlte." Nicht mehr alljährlich und ins ganze Reich, wie es im Wesen des Instituts lag, sondern nur, wo es die örtlichen Verhältnisse [1]) gerade erforderten, wurden Königsboten hingeschickt [2]). Erst dann, wenn die Verwirrung der Rechtszustände eine allgemeine war, wenn man nur noch von einem ausserordentlichen Eingreifen von Seiten des Staatsoberhauptes eine Rettung erwartete, konnte man sich zur Absendung von Königsboten ins ganze Reich entschliessen [3]).

Solche Ernennungen von wandernden Missi für die Gesammt-Monarchie erfolgten: 818 zum Zweck der Klostervisitationen [4]), 819 [5]), 828 [6]), 829 [7]) und 834 am Ende des Jahres nach der Unterwerfung Lothars [8]).

---

[1]) So besonders nach Italien: 820 Balzani 2, 204, Ughelli, Italia sacra 2ᵇ, 201, Anh. I. Nr. 77, 78; 821 Balzani 2, 207 Nr. 251, Anh. I. Nr. 81; 823 Ann. Einh. SS. 1, 210, Anh. I. Nr. 84; 829 Balzani 2, 221 Nr. 270, Anh. I. Nr. 107.
[2]) Diese zeitweilige Thätigkeit kommt auch in offiziellen Schriftstücken zum Ausdruck: Coll. Patav. Nr. 3 p. 457: missis dominicis per tempora discurrentibus: p. 458: missi per tempora discurrentes. Zwar stammt die Formel aus einer Urkunde Ludwigs d. Deutschen, welche nicht vor 842 erlassen ist — Zeumer in der Vorrede p. 456, — aber da die Schreiber der Söhne Ludwigs d. Frommen die unter diesem Kaiser entstandenen Redaktionen benutzten (Sickel, Beiträge III. Wiener Sitzungsber. 47, 253), so ist es sehr wahrscheinlich, dass auch unsere Urkunde eine Vorlage aus früherer Zeit gehabt hat. Siehe auch Dümmler 2², 444 n. 1.   [3]) So fasst auch Waitz l. c. die Sachlage auf.
[4]) Vita Hlud. c. 32 SS. 2, 624: renuntiantes sibi missos de omni regno suo, quos pro statu sanctae ecclesiae, restaurando deiecta vel confirmando stantia miserat, audivit; Erm. Nig. II. v. 509 ff. M. G. Poetae lat. 2, 38:
Nunc, nunc, o missi, certis insistite rebus,
Atque per imperium currite rite meum,
Canonicumque gregem, sexumque probate virilem,
Femineum necnon, quae pia castra colunt.
Simson I, 94 f., 142.   [5]) Cap. miss. p. 288. — Spuren der Thätigkeit dieser Missi: Wilmans, Die Kaiserurkunden der Provinz Westfalen 1, 10, Anh. I. Nr. 72; Frothari ep. 18. Bouq. 6, 393, Anh. I. Nr. 73, 74.   [6]) s. oben S. 224 n. 4. Eine Spur bei Meichelbeck 1ᵇ, 278 Nr. 530, Anh. I Nr. 102. Ueber die Lage der Dinge in diesem Jahre vgl. die Schilderung bei Simson 1, 304 ff. — Die Capp. miss. p. 300 scheinen mir auf Grund von c. 7, 8, 10, 11 einem Cap. miss. speciale anzugehören, während ich auf die Missi vom J. 825 p. 308 bei den ständigen Königsboten zu sprechen kommen werde.   [7]) Episcop. relatio 829 Nr. 196 c. 61: in his capitulis, quae praesenti anno conscribi et per missos vestros ob vitia comprimenda per imperium vestrum direxistis.   [8]) S. oben S. 224 n. 5. — Ich mache hier auf einen Umstand aufmerksam, welcher den S. 226 n. 3 für die Beurtheilung der Quellen angelegten, Maassstab trefflich

Damit sind wir aber am Ende angelangt: nach 834 weist nichts darauf hin, dass sich Ludwig noch einmal dazu aufgerafft habe, Königsboten in sein Reich auszuschicken.

In den Theilreichen, welche sich nach seinem Tode bildeten, fristete die alte Sitte noch eine Zeit lang ihr Dasein und ist in den verschiedenen Reichen verschieden lange im Gebrauch gewesen [1]). In Frankreich kommen derartige Absendungen vor: 844 nach Beendigung der Bruderkriege [2]), im April 853 [3]), 860 [4]), 861 zur Durchführung des Münzgesetzes [5]), zuletzt 864 [6]); in Italien 832 [7]),

---

unterstützt. Der Astronom hat im Jahre 834 breit und ausführlich von der Ausschickung der Königsboten gesprochen, er erzählt mit gleicher Behaglichkeit und Wärme c. 54 p. 640 von der Berichterstattung der Missi auf dem Reichstag zu Worms 835 und von den Bemühungen des Kaisers für eine geordnete Rechtspflege, schweigt aber gänzlich von einer abermaligen Entsendung der Königsboten, ein Beweis, dass sie nicht vorgenommen ist. Der Biograph, welcher sie wissen musste und erwähnen konnte, hätte sie sonst sicher berichtet. — Spuren: Gesta Aldrici b. Baluzius, Miscellanea 3, 165 f., Anh. I. Nr. 118. Die nach der Wiedererhebung Ludwigs ausgeschickten Königsboten halte ich für ausserordentliche, s. Anh. II. Nr. 100.
  [1]) Vgl. im Allgemeinen Dümmler 2², 443; 3², 629.   [2]) Kar. II. conc. in Verno P. 383 Vorrede: quod deposita discordia unde tot mala processerunt . . redistis ad pacem cum fratribus vestris, und P. 384 c. 3: Quod petimus ut in omnibus parochiis directi a vestra mansuetudine religiosi atque idonei viri . . . scrutentur et corrigant.   Spuren: Lupi ep. 63, Opp. 105, Anh. I. Nr. 132; s. Hefele, Konziliengeschichte 4², 111; v. Kalckstein 125 f.   [3]) Kar. II. syn. Suess. P. 417 c. 6 cod. suppl.: statuit sancta synodus . . . ut idonei legati dirigerentur; P. 418 c. 7: Karolus haec quae sequuntur capitula proposuit, et consultu eorundem episcoporum ea per regnum suum innotescenda . . . commonuit; s. v. Kalckstein 128. Hincmar v. Reims an den Mönch Anschu: ut describat omnia quae in monasterio ut videbatur Altvillarensi, ante ipsius praesulis ordinationem facta vel collata fuerunt . . . ita omnia describantur, ut missi dominici nihil ibidem falsam possint invenire. R. preposito monasterii Orbacensis similiter, Flodoard, Hist. Rem. III, 28 SS. 13, 552, dazu Schrörs 522 Nr. 64, 65. — Die P. 451 n. c. genannten Missi von 853 s. unten bei den ständigen.   [4]) Conv. ap. Confluentes P. 473 l. 13 f.: Haec quae sequuntur d. Karolus . . . per regnum suum denuntianda et observanda direxit. v. Kalckstein 67 bezeichnet die missi discurrentes fälschlich mit Eilboten, ähnlich Wenck 490 f.   [5]) Kar. II. ed. Carisiac. P. 476 l. 32: pro generali utilitate regni nostri; s. Soetbeer in Forschungen 6, 7 f. und Dümmler 2², 29. — Die Bestimmung des Tages von Savonnières 862 P. 486 c. 3: ut inter nos (sc. den 3 Brüdern) fideles missi discurrant, et quae in uniuscuiusque nostrum regno emendanda sunt et alter alteri innotuerit, emendentur hat mit dem Institut der Königsboten nichts gemein. Es sind unter den Missi nur persönliche Boten zu verstehen, s. Dümmler 2², 41. [6]) Kar. II. ed. Pist. P. 498 c. 35: Et sciant comites nostri, quia per singulos comitatus missos nostros dirigemus, qui specialiter de his quae nunc constituimus inquirant. Dümmler I. c. 205 f.   [7]) Cap. miss. Nr. 202.

865 [1]) und zum letzten Mal 880 [2]), während in dem ostfränkischen Reich die Entwicklung der Dinge einen ganz anderen Verlauf nahm und deshalb an späterer Stelle zur Darstellung zu gelangen hat. Aus den angeführten Thatsachen geht hervor, dass die Ernennung der Königsboten für das ganze Reich nicht mehr Ausfluss eines festen Prinzipes war, sondern Folge der jeweiligen, mehr oder minder grossen, inneren Verwirrung und Unordnung. Der wandernde Königsbote Karls d. G., der ordentliche Beamte der Reichsregierung, ist mehr und mehr zu einem ausserordentlichen [3]) Werkzeug der Centralgewalt herabgesunken.

Aber der Umstand, dass man immer und immer wieder seine Zuflucht zu den Königsboten nahm, beweist auch, dass man sich von ihrer Thätigkeit immer noch viel versprach und grosse Hoffnungen auf sie setzte. Deshalb darf es nicht Wunder nehmen, dass gerade diejenigen, welche das meiste Interesse an einem geordneten und ruhigen Staatsleben hatten, die Geistlichen, häufig die Bestellung von Königsboten veranlassten [4]).

Aber wie sehr auch die Bischöfe auf die Besserung der Verhältnisse bedacht waren, so hatten sie doch auch zu viel Selbstgefühl, standen sie zu den weltlichen Grossen in zu schroffem Gegensatz, als dass ihnen eine beständige Kontrolle, in welchem auch das weltliche

---

[1]) Capitulare miss. Nr. 217 c. 3: totius populi querimonia generaliter audiatur. Ueber den Inhalt vgl. Hegel, Geschichte der Städteverfassung von Italien 2, 23. — Spuren: Cod. Long. 395, Mem. di Lucca 4 app. 64, 5[b], 466 Nr. 774, Anh. I. Nr. 178—182 [2]) Urk. f. St. Ambrosius zu Mailand, Cod. Long. 502 Nr. 296, Anh. I. Nr. 186: Dum d. Karolus . . . in regnum italicum suos constituisset missos . . ut irent de loco in loco. Ficker 2, 118. [3]) Dasselbe scheint Schrörs 74 zu meinen, wenn er sagt, König Karl habe auf der Synode von Soissons 853 verheissen, ausserordentliche Königsboten auszusenden. [4]) Episcop. relatio 829 Nr. 196 c. 28: deposcimus (sc. episcopi), ut in quadam parte parrochiae A. et R. ubi turpissimam . . . rem perpetrari audivimus, missi vestri fideles existant; Kar. II. conc. in Verno 844 P. 384 c. 2: quaesumus (sc. episcopi) ut scelerum patratores et apostolicae disciplinae contemptores missis a latere vestro probatae fidei legatis . . . coherceantur, ebenso c. 3; Conc. Meldense 845 Mansi 14, 822 c. 20: Die Bischöfe bitten den König, ut fideles et strenuos missos ex utroque ordine per singulos comitatus regni vestri mittatis; ebenso Kar. II. conv in Sparnaco 846 P. 389 c. 20; vgl. ferner das Synodalschreiben von Quierzy an Ludwig d. Deutschen 858 c. 14 bei Hincmari Opp. Migne 126 p. 21: Missos etiam tales per regnum constituite, qui sciant qualiter comites et caeteri ministri rei publicae institiam et iudicium populo faciant. Dazu v. Noorden, Hincmar, Erzbischof v. Reims 144 f., Hefele 4², 203, Schrörs 80 f., M. 1394 n, welche aber diesen Punkt nicht berühren. Endlich Kar. II. conv. Attiniac. 874 P. 523. c. 3: inssio regia haec per fideles missos diligenter ac veraciter inquirere iubeat.

Element vertreten war, genehm gewesen wäre. Deshalb drangen sie nicht immer und immer wieder auf eine allgemeine Ernennung der Königsboten, deshalb liessen sie es, aber hier im Verein mit den weltlichen Grossen, geschehen, dass überhaupt die Thätigkeit wandernder Königsboten allmählich aufhörte.

Hier wirkte alles zusammen: Schwäche und Unfähigkeit der Herrscher, Macht und Selbständigkeit der Bischöfe und Grafen, Verwirrung und Auflösung aller staatlichen Verhältnisse, um eine Institution untergehen zu lassen, welche das Gegentheil von alledem zur Grundlage und Bedingung hatte.

Unter Ludwig zwar fanden in verschiedenen Gegenden des Reiches die wandernden Missi noch mannigfache Verwendung [3]), aber bereits unter seinen Söhnen werden die Beispiele für ihre Thätigkeit immer seltener. In Frankreich finden wir, abgesehen von den schon oben angeführten Fällen, nur noch im März 845 [2]) und 865 [3]) wandernde Königsboten; in Italien, wo man sich ihrer häufiger und länger bedient hat, noch: 853 [4]), 857 [5]), 858 [6]), 859 [7]), 865 [8]), 880 [9]), 891 [10]), 897 [11]), 902 [12]), 905 [13]), 910 [14]), zuletzt 919 [15]).

Diesen Resultaten steht, wie es scheint, die Thatsache entgegen, dass immer noch bis in die letzten Zeiten der fränkischen Herrschaft hinein, die missi discurrentes in den Beamtenreihen der kaiserlichen und königlichen Urkunden aufgeführt sind. Eine derartige Erwähnung der wandernden Königsboten, sei es in der Promulgations-, sei es in der Verbotsformel, sei es in beiden [16]), habe ich, vom Tode Karls d. G. ab, in folgenden Diplomen gefunden [17]):

---

[1]) s. Anh. I.   [2]) Lupi ep. 63, Opp. 105, Anh. I. Nr. 132.   [3]) Paulum Tusiac. P. 501 Ueberschrift. Vgl. dazu Dümmler 2², 116 und v. Kalckstein 98, welcher feststellt, dass die 4 genannten Königsboten in Burgund, wohin sie geschickt wurden, keine eigene Macht besassen, und in der Benutzung dieser Männer mit Recht ein Zurückgreifen auf den früheren Charakter des Sendbotenamtes sieht. Anh. I. Nr. 156.   [4]) Mem. di Lucca 5ᵇ, 418 Nr. 698, Anh. I. Nr. 170.   [5]) l. c. 446 Nr. 742, Anh. I, Nr. 171.   [6]) Muratori, Ant. 3, 1033, Anh. I. Nr. 172.   [7]) Campi, Historia eccl. di Piacenza 1, 459 Nr. 10, Anh. I. Nr. 173.   [8]) Cod. Long. 395, Mem di Lucca 4, app. 64, 5ᵇ, 466 Nr. 774, Anh. I. Nr. 178. 182.   [9]) Cod. Long. 502 Nr. 296, Anh. I. Nr. 186.   [10]) Cod. Long. 580 Nr. 349, Anh. I. Nr. 189.   [11]) Mem. di Lucca 4, app. 70 Nr. 55, Anh. I. Nr. 192.   [12]) Tiraboschi, Nonantula 2, 85, Nr. 63, Anh. I. Nr. 196.   [13]) Affò, Storia di Parma 1, 340, Anh. I, Nr. 198.   [14]) Ughelli 3, 353, Anh. I. Nr. 200.   [15]) Cod. Long. 838, Anh. I. Nr. 203.   [16]) Ueber die Aufzählung der Beamten an diesen Stellen, Sickel, Acta I, 174 f.   [17]) Von 840 an behandle ich wieder zuerst Frankreich, dann Italien, während ich Deutschland für andere Gelegenheit aufspare.

814: M. 505, 512, 527.
815: M. 571.
816: M. 604, 609, 610—612.
817: M. 640.
819: M. 672, 683.
820: M. 693, 695.
821: M. 715.

843: B. 1540, 1549.
844: B. 1560.
845: B. 1586.
847: B. 1596, 2091.
850: B. 1619.
871: B. 1776.
875: B. 1786, 1788.

841: M. 1050.
843: M. 1067, 1072, 1073.
844: M. 1082.
851: M. 1146.
854: M. 1134.
860: M. 1183.
867: M. 1205.

823: M. 750; nach 823 M. 759,
vor 825 M. 781.
826: B. 2067.
828: M. 819, 821, 825.
831—833: M. 884.
838: B. 2078.

In Westfranken:
876: B. 1792.
878: B. 1837, 1846.
882: B. 1858.
884: B. 1867.
900: B. 1911.
915: B. 1947.
924: B. 1983.

In Lotharingien und Italien:
873: M. 1224.
877: M. 1483.
879: M. 1547.
880: M. 1557.
883: M. 1624.
913: Forsch. 10, 298 [1]).

Hiernach würden sich allerdings, wollte man jede einzelne Urkunde für sich allein betrachten und aus der jedesmaligen Nennung der missi discurrentes auch auf ihre nothwendige Thätigkeit in dem betreffenden Jahre schliessen [2]), die bisherigen Ergebnisse erheblich modifizieren, ja zum Theil gänzlich umgestossen werden. Aber man muss, wenn man einen richtigen Maassstab für die Beurtheilung der Urkunden gewinnen will, berücksichtigen, dass „Titulaturen, welche zur Zeit der Ausstellung eines Diploms gar nicht mehr gebräuchlich oder wenigstens nicht mehr Amts- sondern nur noch Ehrentitel waren, aus älteren Vorlagen herübergenommen wurden [3]); dass die meisten der genannten Diplome Bestätigungen früherer Urkunden [4]) sind, dass

[1]) War Böhmer noch nicht bekannt: Hugo von Italien bestätigt der Kirche St. Antonin zu Piacenza Immunität.   [2]) In diesen Fehler verfällt v. Kalckstein 125. Seine Beispiele B. 1540, 1549, 1586, 1617 sind Nachbildungen, s. unten. — Mit der Urkunde: „B. 1456 v. 13. 5. 844 für die eingewanderten Spanier" meint er jedenfalls B. 1562 v. 11. 6. 844. Die hier genannten Missi sind, wie er richtig n. 3 vermuthet, Königsboten mit Einzelauftrag oder politische Gesandte.   [3]) Worte von Sickel, Acta I, 174.   [4]) Als neu ausgefertigte Urkunden charakterisieren sich: M. 527, 610, 640, 715, 750, 759, 781, 819, 821, 825, 884, B. 1596, 1776, 1837, 1858, M. 1067, 1205, 1224.

derartige Bestätigungen von Diplomen vorausgegangener Fürsten nicht frei conzipiert, sondern nur den älteren, zu bestätigenden, Urkunden in meist sehr strenger Weise nachgeschrieben wurden [1]." Die Erwähnung der missi discurrentes in der Beamtenreihe, ist daher kein Beweis für das Fortbestehen des Instituts, sondern nur dafür, dass die betreffende Urkunde einer anderen, genannten oder ungenannten, nachgebildet worden ist. Derartige Nachbildungen, deren Uebereinstimmung mit der Vorlage noch festgestellt werden kann, sind, um nur die bezeichnendsten und von Mühlbacher noch nicht behandelten Stücke aufzuzählen [2]), folgende:

844: B. 1560 = 823 M. 750.
845: B. 1586 = 816 M. 609 = 800 M. 349 = 782 M. 241.
850: B. 1619 = 814 M. 505.
875: B. 1788 = 815 M. 571 [3]).
876: B. 1792 = 851 M. 1146 = 841 M. 1050 [4]).
878: B. 1846 = 875 B. 1786 [5]).
915: B. 1947 = 878 B. 1846 = 875 B. 1786.
924: B. 1983 = 1947 = 1846 = 1786.
931: Forsch. 10, 298 = 880 M. 1577.

Ist in allen diesen Fällen das Verhältnis der einzelnen Urkunden zu einander, das der Vorlage zur Nachschrift, ein ganz einfaches und klares, insofern als jene wörtlich in die Nachbildung aufgenommen wurde, so begegnen aber auch Diplome, welche trotz ihrer inneren und äusseren Abhängigkeit von einander, doch Verschiedenheiten zeigen [6]).

Entweder fehlen die missi discurrentes in der Vorlage, erscheinen aber in der nachgebildeten Urkunde, oder umgekehrt, sie stehen in der Vorlage und sind in der Nachbildung ausgefallen. Zu der ersten Klasse gehören: M. 309 und 505; M. 345 und B. 1549; M. 762 und

---

[1] Worte von Sickel, Beiträge I. Wiener S. B. 36, 334, ähnlich 372; vgl. Ficker, Beitr. zur Urkundenlehre 1, 267 f. [2] Für die bei Mühlbacher verzeichneten Urkunden verweise ich auf dessen Nachweisungen. [3] In den andern Vorlagen M. 1180, 1043, 184 fehlen die missi discurrentes. [4] Diese nach verlorenen Vorlagen Lud. d. F. und Karls d. G. gearbeitet. [5] Karl II. bestätigt den Mönchen der Abtei Hermoutier die Immunität, quam genitor meus Hludowicus Augustus et Karolus avus meus Imperator et proavus Pipinus eis concesserunt. [6] Naturgemäss müssen hier diejenigen Urkunden unberücksichtigt bleiben, deren Vorlage entweder nicht genannt oder verloren gegangen sind. Zu ersteren gehören die S. 232 u. f aufgezählten, zu letzteren, wieder mit Ausschluss der von Mühlbacher gegebenen: B. 2078, 1540, 1549, 2091, 1786, 1867.

B. 2091; M. 1043, 1180 und B. 1788; B. 1544 und 1911; M. 1175 und 1624; zur zweiten: M. 184, 571 und 1043, 1180. Oder es tritt der Fall ein, dass der Abschreiber die missi discurrentes aus der Promulgation der Vorurkunde in die Verbotsformel der nachgeschriebenen Urkunde setzt z. B.: M. 184 und 571, 693, oder umgekehrt aus der Verbotsformel der Vorlage in die Promulgation der Nachbildung, wie in M. 89 und 512. All' diese Abweichungen beruhen nicht etwa, wie man das vielleicht aus der Hinzufügung der vorher fehlenden missi discurrentes schliessen könnte, auf inneren Gründen, auf dem Charakter des Diploms oder auf dem wirklichen Fortbestehen der wandernden Königsboten, sondern einzig und allein auf der Nachlässigkeit und Inconsequenz der Diktatoren [1]). Wie diese in den italischen Urkunden und in den Zollbriefen bald die gastaldii bezw. telonearii anführen, bald weglassen, wie sie in einem Fall sogar die comites übersehen haben, ebenso machten sie sich auch kein Gewissen daraus, hier die missi discurrentes einzuschieben, dort zu tilgen.

Die Erwähnung der wandernden Königsboten oder ihre Streichung ist nicht eine Folge der faktischen Verhältnisse, sondern ein Ausfluss des Wesens, oder wenn man will, des Unwesens der fränkischen Kanzlei. Die Diplome können die früher gewonnenen Resultate nicht ändern und nicht umstossen.

Das Institut der missi discurrentes, begründet durch Karl d. G., in seinen Grundlagen erschüttert durch Ludwig d. F., ist in Frankreich um die Mitte des 9. Jahrhunderts, in Italien im zweiten Jahrzehnt des 10. Jahrhunderts verfallen und zu Grunde gegangen. Die Schuld daran tragen die Herrscher, tragen die zum Bewusstsein ihrer Macht gekommenen territorialen Gewalten. Diese hoben die Wirksamkeit der wandernden Königsboten auf; sie setzten, erst an deren Seite, dann an deren Stelle die ihren Zwecken besser dienenden ständigen Königsboten.

III.

Karl d. G. hatte mit richtigem Scharfblick erkannt, dass eine erspriessliche, dem Staatswohl förderliche Thätigkeit der Königsboten nur dann gesichert werden könnte, wenn diese den territorialen Interessen ihres Geschäftsbezirkes gänzlich indifferent gegenüber traten. Aber er war nicht so kurzsichtig, um nicht von dem allgemeinen

---

[1]) Hierzu und zum Folgenden vgl. Sickel, Acta I, 174.

Grundsatz auch abzuweichen und Ausnahmen zuzulassen, wenn daraus dem Ganzen ein Vortheil erwachsen konnte. Deshalb übertrug er den Erzbischöfen Arn von Salzburg, Magenard von Rouen, Magnus von Sens, Wulfar von Reims [1]) die missatische Gewalt in ihren Erzdiöcesen, deshalb ernannte er den Abt Fardulf von St. Denis und den Grafen Stephan von Paris [2]) zu ordentlichen Königsboten im Gau von Paris. Aber er that es aus richtigem Verständnis für die Tüchtigkeit dieser Männer, er that es aus eigenem Willen, unbeeinflusst von seinen Grossen, unbeeinflusst von denen, welchen er diese Vertrauensstellung einräumte. Aber alles das musste sich ändern, wenn diejenigen Männer, welche vermöge ihrer Stellung im Staate zur Uebernahme der missatischen Geschäfte berufen waren, bei der Ernennung der Königsboten ihren Einfluss geltend machen konnten. Es musste bei dem fortwährend bestehenden Gegensatz zwischen staatlichen und territorialen Interessen, bei der Ohnmacht der Staatsgewalt gegenüber den territorialen Gewalten dahin kommen, dass diese, um der lästigen staatlichen Kontrolle ihrer Amtsführung durch fremde Personen zu entgehen, die Uebertragung der missatischen Gewalt an die Ortsgewalten [3]) begünstigten d. h. die Befugnisse und Machtvollkommenheiten eines Missus sich selbst anzueignen versuchten.

Wie sehr den Grossen und, in Anbetracht der Abhängigkeit des fränkischen Königs von der höheren Geistlichkeit, besonders den Bischöfen dies Streben gelang, beweist die Thatsache, dass das, was bei Karl d. G. Ausnahme war, bei seinen Nachfolgern Regel wurde [4]). Prüft man in der Zeit vom Tode Karls ab das Verhältnis, in welchem der Königsbote zu dem Schauplatz seiner Wirksamkeit steht, so ist das Ergebnis folgendes [5]):

Erzbischof Hetti von Trier theilt 817 dem Bischof Frothar von Toul — zu seiner Kirchenprovinz gehörend — das Aufgebot des Kaisers mit [6]) und wird 819 von demselben Frothar als Königsbote erwartet [7]).

---

[1]) S. oben S. 221 n. 1.   [2]) Cap. miss. spec. 802 p. 100, Anh. I. Nr. 26.
[3]) So auch, in Bezug auf die spätere Entwicklung in Frankreich, v. Kalckstein 22, welcher aber die Entstehung des Prinzipes allein von der immer mehr um sich greifenden Unordnung und dem Bedürfnis der Vertrautheit der Sendboten mit den lokalen Verhältnissen herleitet.   [4]) Deshalb sagen die Ann. Lob. ad a. 819 SS. 13, 231 mit einer gewissen Berechtigung: mittens unicuique provinciae archiepiscopum unum, comites plures; vgl. hierzu Simson, Ludwig d. Fr. I, 26 n. 4, welcher dieser Stelle mit Unrecht wenig Gewicht beilegt.   [5]) s. oben S. 213 n. 17.   [6]) Frotharii ep. 25, Bouquet 6, 395: ut omnibus notum faceremus qui in nostra legatione manere videntur, Anh. I. Nr. 68.   [7]) ibid. ep. 18 l. c. 393: vestris litteris mihi significari expeto, quando huc pro legatione vobis iniuncta venire . . . debeatis, Anh. I. Nr. 74.

820 hält Bischof Rothad von Verona eine Gerichtssitzung in seiner Hauptstadt [1]).

822 [2]) werden die Erzbischöfe Heistulf von Mainz, Hetti von Trier, Hadabold von Köln, Jeremias von Sens, Willibert von Rouen, Landramnus von Tours in ihren Kirchenprovinzen, die Bischöfe Raguar von Noyon und Alberich von Langres in ihren Bistümern und den benachbarten Gauen, sämmtlich mit je einem Grafen zum Königsboten bestellt. Erzbischof Ebo von Reims, an dessen Stelle auch der Bischof Rothad von Soissons treten kann, fungiert in demjenigen Theil seiner Erzdiöcese, in welcher Reims und Soissons liegen.

Zwischen 831 und 833 erhält der Bischof Baderad von Paderborn in seiner Eigenschaft als Missus von Ludwig den Auftrag, das Privileg des in seinem Sprengel gelegenen Klosters Corvey bekannt zu machen [3]).

In den Jahren 818—834 schlichtet Jonas von Orléans mit dem Grafen Donat von Melun zu Orléans einen Streit zwischen Fleury und St. Denis [4]).

845 inspizieren Abt Lupus von Ferrières und Bischof Prudentius von Troyes die Klöster in ihren eigenen Gauen und denen von Orléans und Sens [5]).

853 [6]) treffen wir Hincmar von Reims in seinem Gau und den benachbarten; Bischof Pardulus von Laon in Laon; Bischof Imino von Noyon unter anderen mit Graf Walteaud in Noyon und den Komitaten des letzteren; die Grafen Ingiscalc und Berengar in ihren eigenen Grafschaften [7]); Abt Ludwig von St. Denis mit Bischof Irmiufrid von Beauvais in Paris und Beauvais; Paulus von Rouen mit Hilmerad von Amiens in ihren Hauptstädten; Bischof Eirard von

---

[1]) Cod. Long. 177 Nr. 95, Anh. I. Nr. 76. Diesen, wie Ficker 2, 13 will, as Missus für den Einzelfall anzusehen, ist nicht gestattet, da er zu Gericht sitzt „ad singulorum hominum deliverandas intentiones." [2]) Commemoratio missis data p. 308 c. 1, Anh. I. Nr. 87—96. [3]) Wilmans 1, 28, Anh. I. Nr. 114; die Inscription: Hludowicus . . . B. episcopo et misso weist darauf hin, dass B. schon Königsbote war und es nicht erst durch das Mandat wurde; s. auch Waitz 3², 461 n. 1. [4]) Adrevaldi Floriac. miracula s. Benedicti l. 25 SS. 15, 489, Anh. I. Nr. 117, [5]) Lupi ep. 63, Opp. 105, Anh. I. Nr. 132. [6]) Kar. II. conv. Silvac. P. 426, Anh. I. Nr. 137—148. [7]) Die beiden Grafen werden noch einmal als Missi ohne Angabe des Ortes genannt im Kar. II. conv. Carisiac. 857 P. 451 Anrede nach cod. 3. u. c, Anh. I. Nr. 150. An Stelle ihres Genossen, des Bischofs Folcwin von Thérouanne, welcher 855 starb, ist dessen Nachfolger Humfried getreten. Man wird deshalb nicht fehlgehen, wenn man annimmt, dass der Bezirk dieser drei Missi derselbe ist als im Jahre 853, und dass dieser analog den anderen Missatica das Bistum Thérouanne umfasste. Vgl. hierzu und zum Folgenden auch v. Kalckstein 23. n. 1.

Lisieux unter anderen mit Graf Hardoin in Lisieux und des letzteren Grafschaft; den Grafen Robert von Anjou mit Bischof Dodo von Angers in Anjou und angrenzenden Gauen; den Bischof Burcard von Chartres in seiner Hauptstadt; Wenilo, Erzbischof von Sens mit den Grafen Odo von Troyes und Donat von Melun in ihren Gauen; endlich Jonas von Autun mit Graf Isembard in Autun und des letzteren Grafschaften, wo sie 857 wiederkehren [1])

857 sind die Grafen Ingiscalc und Berengar mit dem Bischof Hunfrid von Thérouanne in ihren Grafschaften als Königsboten thätig [2]).

866—869 hält Bischof Isaac von Langres mit Graf Odo mehrmals hintereinander Gerichtssitzungen ab in seinem Sprengel [3]); ebenso in der Zeit von 866—74 Bischof Leudo von Autun [4]).

873 fungiert Markgraf Salomon von Septimanien in dem zu seinem Gebiet gehörigen territorium Narbonense als königlicher Missus [5]).

840 hält der Bischof Roding von Lucca Gericht in seiner Stadt [6]).

In den Jahren 844, 859, 874, 905 finden wir die Erzbischöfe von Mailand Angilbert, Ansbert und Andreas als Missi Gerichtsverhandlungen in Mailand vornehmen [7]).

880 [8]) schlichtet Bischof Adelhard von Verona in seinem Bischofssitz einen Streit des Klosters Zeno, während in demselben Jahr Graf Alberich von Mailand mit zwei anderen Königsboten in dem zu seiner Grafschaft gehörenden Como einen Prozess zwischen Reichenau und St. Ambrosius entscheidet [9]).

Zu Pavia lässt sich die missatische Thätigkeit des Ortsbischofs nachweisen in den Jahren 899, 901, 908 [10]).

Am Ausgang der Periode stehen die so recht charakteristischen Fälle vom Jahre 918 und 922. Im ersten [11]) Jahre hält Berengar zu Mailand Gericht, nachdem er in comitatu Mediolanense...missus esset constitutus tamquam comes et missus discurrens; während der Vorsitzende im Missatgericht zu Bergamo 922 [12]), Giselbert, sich selbst comes et missus d. regis comitatus istius Bergomensis nennt.

Alle diese Zeugnisse lassen keinen Zweifel: die Ortsgewalten haben sich, begünstigt durch die Abhängigkeit des Königtums von den

---

[1]) l. c. cod. 4. n. c. Anh. I. Nr. 151.   [2]) s. oben S. 236 n. 7.   [3]) Pérard 147 f., Anh. I. Nr. 156, 158, 160.   [4]) l. c. 33, Nr. 12, Anh. I. Nr. 162.
[5]) Vaissete 2b, 370, Nr. 183, Anh. I. Nr. 164.   [6]) Mem. di Lucca 5b, 337, Anh. I. Nr. 167.   [7]) Cod. Long. 265 Nr. 154, 311 Nr. 207, 435 Nr. 258, 699. Anh. I. Nr. 168, 174, 183, 197.   [8]) Muratori Ant. I, 435, Anh. I. Nr. 187.   [9]) Cod. Long. 502 Nr. 296, Anh. I. Nr. 186.   [10]) l. c. 631, Mon. Patr. Ch. 1, 97, Cod. Long. 737, Anh. I. Nr. 194, 195, 199.   [11]) l. c. 822, Anh. I. Nr. 202.   [12]) l. c. 860, Anh. I. Nr. 204.

Grossen des Reiches, die Befugnisse der Königsboten angeeignet¹). Die Ausübung der ausserordentlichen Gewalt, welche ein Vorrecht der Krone war, ist auf die Träger der ordentlichen Gewalt, auf die Ortsbeamten²) übergegangen.

Die Folge des Wechsels, welcher den Keim zu einer gefährlichen Weiterentwicklung in sich trug, konnte nicht ausbleiben: einmal in den Besitz grösserer Machtmittel gelangt, setzten die Usurpatoren alles daran, sich dieses Gut dauernd zu sichern. War das Staatsoberhaupt nicht mehr fähig, deren Bestrebungen entschieden entgegenzutreten, so konnte es nicht zweifelhaft sein, auf wessen Seite der Erfolg sein würde: den Grossen glückte es in der That, sich in den festen Besitz der missatischen Gewalt zu setzen, das Amt des Missus als ein ständiges an ihre Person zu fesseln³).

Diese Thatsache kommt zum Ausdruck in dem Sprachgebrauch der Kapitularien. Die Untersuchung, welche die Richtigkeit jener Behauptung ermitteln soll, muss sich daher diesen⁴) zur Grundlage nehmen: sie muss feststellen, in welcher Weise die Kapitularien die einzelnen Arten von Königsboten unterscheiden, wie sie die Ernennung der Missi im Gesetz zur Darstellung bringen.

Ich nehme zum Ausgangspunkt die Constitutio Romana Lothars vom Nov. 824⁵) p. 323 c. 4: Volumus, ut missi constituantur de parte domni apostolici et nostra, qui annuatim nobis renuntiare valeant, qualiter singuli duces et iudices iustitiam faciant populo et quomodo nostram constitutionem observent . . . aut statim per eosdem missos fiant ipsae necessitates emendatae, aut si non, per nostrum

---

¹) S. auch v. Kalckstein 124 f.   ²) Deshalb bestimmt das Cap miss. 819 p. 291 c. 26: ut missi nostri qui vel episcopi vel abbates vel comites sunt, quamdiu prope suum beneficium fuerint, nihil de aliorum coniecto accipiant; postquam vero inde longe recesserint tunc accipiant; Tractoria 829 Nr. 189: Et quando prope sunt de illorum domibus, nullum accipiant coniectum. Diese Stellen hat Waitz 3², 461 n. 4 fälschlich zum Beweise dafür herangezogen, dass die Missi in ihren Sprengeln nicht ansässig gewesen seien. ³) v. Kalckstein 22: „Auch war es natürlich, dass das Amt ein mehr ständiges wurde" und 23.   ⁴) Die Urkunden können hier nicht mit herangezogen werden, weil bei ihnen der Sprachgebrauch nicht nur in den verschiedenen Ländern des fränkischen Reiches ein verschiedener ist, sondern in jedem Lande auch an den einzelnen Orten schwankt.   ⁵) M. 988. — Hegel 1, 243, 326, Ficker 2, 353 ff., Gregorovius, Geschichte der Stadt Rom im Mittelalter 3², 60 ff., Giesebrecht 1⁵, 872, Simson, Ludwig I, 225 ff., Ranke 6, 30 f. — Ueber das Verhältniss derselben zum libellus de imperatoria potestate in urbe Roma und über die Glaubwürdigkeit des letzteren vgl. Jung in Forschungen 14, 436 f. und Hirsch ibid. 20, 142 f.

missum fiat nobis notum, ut per nostros missos a nobis directos iterum emendentur.

Der Gegensatz, auf welchen es hier ankommt, ist gegeben durch die Worte constituere und dirigere; der missus constitutus wird scharf getrennt von dem missus directus.

Dirigere ist nach dem Sprachgebrauch der Kapitularien gleichbedeutend mit mittere [1]) und wird sowohl bei Sachen wie bei Personen angewendet. In letzterem Falle ist es stehender Ausdruck, wenn von Absendung von Königsboten für den Einzelfall [2]) und, was hier das Wichtigste ist, von ordentlichen Königsboten [3]) die Rede ist. Der missus directus ist also entweder ein missus mit Einzelauftrag oder ein missus discurrens. Es ergiebt sich somit für den ausserordentlichen und ordentlichen Königsboten als charakteristisches Merkmal, dass sie missi directi sind, dass ihre Ernennung erfolgt mit dem Terminus dirigere.

Nachdem dieses Ergebnis gewonnen ist, gehe ich über zum Conv. apud Confluentes 860, Kar. II. capitula P, 475 l. 50: Missi nostri discurrentes cum consilio maiorum missorum . . studeant.

Hier sind gegenüber gestellt die missi discurrentes und eine bisher unbekannte Klasse von Königsboten: die missi maiores. Wer sind diese? [4]) Die Antwort giebt dasselbe Gesetz, P. 473, c. 8, welches auch den Gegensatz schärfer hervortreten lässt: Et quicquid exinde

---

[1]) Illud. ad archiep. epistolae 816—817 p. 341 l. 4: Direximus . . tibi institutionis formulam — Misimus tibi institutionis formam. [2]) l. c. l. 40 f.: praefatum missum nostrum . . . direximus; derselbe sollte den Text der Kanoniker-Regel überbringen, Anh. II. Nr. 61—63, ferner: p. 199 l. 37, 38, p. 272 l. 7, p. 306 l. 27, P. 417. l. 13. [3]) Hierfür kommt namentlich in Betracht, dass es im Cap. miss. gen. 802 p. 91 f., auf welches ja immer so viel Werth gelegt wird, heisst: K. elegit . . . et direxit; vgl. ferner, um nur die bezeichnendsten Stellen anzuführen: p. 53 l. 40, p. 98 l. 32, p. 157 l. 7, p. 340 l. 21 f., P. 328 l. 33, P. 384 l. 40, P. 389 l. 11, P. 417 l. 46 (cod. suppl. kat. 75), P. 422 l. 24, P. 433 l. 37, P. 434 l. 23, P. 498 l. 35. [4]) Sohm 1, 484 hält sie für ausserordentliche Königsboten, durch welche der König mit den ordentlichen konkurrieren konnte; Zöpfl 2, 215 denkt sich darunter Beamte mit herzoglichen Rechten, welche die, nach Auflösung der alten nationalen Herzogtümer gebildeten und mehrere Grafschaften umfassenden Amtsbezirke — missatica — unter sich hatten. Waitz 3², 481 ahnt, dass ihre Erwähnung vielleicht mit einer bestimmteren Scheidung in Klassen zusammenhängt. Aehnlich auch Gfrörer, Geschichte der ost- und westfränkischen Karolinger 1, 309, welchen ich hier nur anführe, um die Kritik Wencks 489 als eine gerade in diesem Punkt unzutreffende zurückzuweisen. Denn durch die missi maiores ist doch eine Gliederung angedeutet, freilich nicht in der Weise wie Gfrörer glaubt. Das Richtige hat schon ziemlich bestimmt gemutmasst de Roy, De missis domi-

quod commendamus per se adimplere non potuerint (sc. die an der Spitze des Kapitulars l. 15 genannten missi discurrentes) ad missos maiores per ipsum missaticum constitutos referant, ut cum illorum consilio et auxilio omnia impleant. Diese hier zum ersten Mal in den Kapitularien so klar bezeichneten Königsboten sind missi constituti: sie stehen gegenüber den missi discurrentes, welche missi directi sind. Die Ernennung der missi maiores wird nicht bezeichnet mit dem Wort dirigere: sie werden nicht von einem Orte weg zu einem anderen geschickt. Die höheren Königsboten sind daher weder Boten für den Einzelfall, noch wandernde Königsboten: sie sind Beamte, welche in der Landschaft, der sie durch Amt und Besitztum angehören, als königliche Missi eingesetzt sind, welche die Befugnisse eines Königsboten ein für alle Mal ausüben [1]). Als solche unterscheiden sie sich, wie gesagt, von den anderen Königsboten durch die Art ihrer Ernennung, durch den Terminus constituere.

Dieses festgestellt, kehre ich zum Ausgangspunkt meiner Darlegungen, zur Const. Romana zurück. Diese bestimmt also, dass von Seiten des Papstes und des Kaisers Missi eingesetzt werden sollen — constituantur, nicht dirigantur, — dass an deren Stelle, auf Grund eines an den fränkischen König erstatteten Berichtes — fiat nobis notum — ausserordentliche kaiserliche Sendboten abgeschickt würden — per missos directos [2]) — um die unerledigt gebliebenen Streitsachen zur Entscheidung zu bringen.

---

nicis, gedruckt bei Mansi 17, 874. (Die Ausgabe, nach welcher Waitz citiert, ist mir nicht zugänglich). Recht unglücklich und unzutreffend stellt sie v. Kalckstein 68 als Sendboten den Eilboten gegenüber; ähnlich auch Wenck 322, 491, während Dümmler I², 458, der Anlage seines Werkes entsprechend, auf den Gegensatz nicht eingeht, aber die missi disc. richtig auffasst.

[1]) Dafür, dass nach dem Sprachgebrauch der Kapitularien in dem constituere die Bedeutung von „anstellen zu längerer Führung des Amtes" liegt, kommen folgende Stellen in Betracht: p. 29 l. 19 f.: constituimus . . . et ordinavimus per civitates legitimos episcopos; idcirco constituemus super eos archiepiscopus; ähnlich p. 33 l. 38, p. 34 l. 9. p, 277 l. 5, p. 278 l. 5; ferner p. 34, l. 39: presbyteri, quos episcopus in ipsa parrochia constituerit, P. 350 l. 4; ferner p. 149 l. 13 f.: Ut iudices, advocati, prepositi centenarii, scabini . . . constituantur ad sua ministeria exercenda, ähnlich p. 310 l. 15, Nr. 202 c. 5; ferner p. 375 l. 23 f.: abbates . . tales constituantur, ähnlich P. 347 l. 41. Vgl. endlich p. 289 c. 5: missi nostri omnibus in sua legatione constitutis notum faciant.
[2]) S. auch Giesebrecht I⁵, 872 und Simson I, 227, welche zwar auch die missi directi für besondere Bevollmächtigte halten, aber die zuerst angeführten für wandernde Königsboten ansehen. — Mit vollem Recht bezweifelt letzterer I, 226 n. 5 die von Giesebrecht auf Grund des libellus de imp. pot. und des Eides aufgestellte Ansicht, dass es ausserdem noch einen ständigen Missus in Rom

Der kaiserliche Missus wird in derselben Weise, mit denselben Worten bestellt, wie der päpstliche, welcher doch sicherlich kein wandernder Sendbote war; der kaiserliche Missus wird nicht dirigiert, sondern constituiert; der kaiserliche Missus ist kein missus discurrens, kein missus ad hoc specialiter directus, sondern ein **ständiger** Missus. Das **römische Statut** stellt sich somit dar als **die Einsetzungsurkunde eines ständigen Königsboten in Rom** [1]).

Sein Sprachgebrauch ist daher, um wieder auf den Hauptpunkt der Untersuchung zurückzukommen, maassgebend für die Entscheidung der Frage, wann es im fränkischen Reiche den Grossen gelungen ist, in ihren Amtsbezirken die missatische Gewalt dauernd an sich zu reissen. Nach den angestellten sprachlichen Vergleichungen spitzt sich die Frage darauf zu, wann zuerst die Ernennung der Königsboten mit dem Wort constituere bezeichnet wird.

Die Antwort giebt die Commemoratio missis data 825 p. 380 c. 2: Auf ihren Landtagsversammlungen missi omnibus generaliter notum faciant, qualis sit eorum legatio [2]): scilicet ad hoc esse se a nobis

---

gegeben habe. Der stehende Königsbote ist eben der in der Konstitution genannte. Auf Giesebrecht und den libellus scheint sich auch Ranke 6, 218 zu stützen. — Was den Einwurf Simsons 1, 227 n. betrifft, dass die Stellen aus Einh. Ann. ad a. 827 SS. 1, 216 und Prud. Ann. ad a. 844 ibid. 440, welche von einer Absendung von Missi zur Prüfung der Papstwahl erzählen, unverständlich wären, wenn man ständige Königsboten in Rom annähme, so ist Folgendes zu bemerken: Die durch die Konstitution eingesetzten Missi haben nur darüber zu wachen, qualiter singuli duces et iudices iustitiam faciant populo et quomodo nostram constitutionem observent; mit der Abnahme des Treucides des Papstes und mit der Prüfung der Papstwahl haben sie absolut nichts zu schaffen; diese ist allein Sache des Kaisers, welcher sie, nach erfolgter Berichterstattung aus Rom, durch **ausserordentliche** Bevollmächtigte vornehmen lässt, s. Simson, Karl d. G. 2, 245 n. 2, 247 f. und Ludwig d. Fr. 1, 285 f., Anh. II. Nr. 32, 87, 145, 162. — Die Angabe der vita Hlud. c. 38 SS. 2. 628, beziehe ich, wenn es nicht blos Redensart ist, mit Funk, Ludwig d. F. 252 n. 3 auf die missi directi, s. dagegen Simson 1, 226 n. 5.

[1]) Wenn also Simson l. c. und Hirsch l. c. 142 die Einsetzung eines ständigen Missus in Rom z. Z. der Kaiserkrönung Karls d. G. bestreiten, so haben sie vollständig Recht; der Verfasser des libellus hat eben die Dinge um volle 24 Jahre zurückversetzt; s. Jung l. c. 436, dessen Versuch, diese Nachricht des libellus aus der const. rom. abzuleiten, daher nicht einfach falsch ist, wie Hirsch 143 behauptet. Nur ist die Beweisführung Jungs 437 n. 1, gestützt auf Ficker 2, 50, etwas missglückt, insofern als er die zeitlichen Unterschiede ausser Betracht gelassen hat, s. Hirsch 143 n. 1. Auch sonst hat er sich, sofern dies aus Ficker entlehnt sein soll, eines grossen Missverständnisses schuldig gemacht, indem er die in politischer Sendung thätigen Missi wandernde Königsboten sein lässt. [2]) Ueber die Bedeutung von „legatio" als Amt s. Waitz 3², 457.

missos constitutos, ut si quilibet episcopus aut comes ministerium suum per quodlibet impedimentum implere non possit, ad eos recurrat [1]). Das Jahr 825 ist also der Zeitpunkt, an welchem die lokalen Gewalten zu Missi ernannt wurden, an welchem die Einsetzung ständiger Königsboten erfolgt ist [2]). Dieses durch die Gegenüberstellung von dirigere und constituere gefundene Resultat findet seine Stütze in folgender Thatsache. Bis zum Jahre 825 lässt sich in den Kapitularien kein einziger Fall nachweisen, dass ein Königsbote constituiert worden sei. In demselben Jahr, in welchem dieses zum ersten Mal geschieht, gehören aber von den 10 Paaren von Königsboten mindestens die 9 Erzbischöfe und Bischöfe[3]) ihrem Amtssprengel an. Sollte dieses eigentümliche Zusammentreffen wirklich nur auf Zufall beruhen? oder liegt hier nicht vielmehr in dem Gebrauch von constituere unzweideutig ausgesprochen, dass zum mindesten die geistlichen Würdenträger in ihren Bezirken als Königsboten eingesetzt seien? Eben weil die Erzbischöfe schon am Schauplatz ihrer missatischen Thätigkeit angesessen waren, konnten sie nicht mehr dem Volke bekannt machen, dass sie ad hoc directi seien, konnte der Gesetzgeber nicht mehr frei stilisieren, sondern war bei der Wahl seiner Worte an die thatsächlichen Verhältnisse gebunden.

Dieselbe Abhängigkeit, welche den gleichen Schluss auf Einsetzung ständiger Missi herausfordert [4]), zeigt sich im Conv. Kar. II.

---

[1]) Ferner ibid. l. 33; p. 309 l. 9, 38. — Man beachte auch, dass den hier genannten missi constituti diejenigen an die Seite treten, welchen die Aufsicht über die Münzverhältnisse übertragen ist, und von welchen es in der Admonitio 823 825 p. 306 c. 20 heisst: quia tunc volumus missos nostros huius rei gratia dirigere per singulos comitatus. Vgl. oben S. 224 n. 3. Zu derselben Kategorie gehören die p. 305 c. 13 genannten: Omnibus generaliter dicimus, ut . . . missis nostris, pro qualicumque scilicet aut ecclesiastica aut publica utilitate vel oportunitate a nobis directis . . . honorem exhibeatis. [2]) Dieser Auslegung steht auch nicht der p. 309 c. 2 gegebene Befehl entgegen: Ipsi vero missi non sine certissima causa vel necessitate huc illucque discurrant. Bei der Ausdehnung der Missatica war ein Umherreisen unumgänglich nothwendig; vgl. oben S. 237; „comes et missus discurrens". Ueber ständige Königsboten s. Ficker 2, 12 f. Dagegen Waitz 5, 37: „Dass die missatische Gewalt ständig einzelnen übertragen sei, kann nicht nachgewiesen werden." — Vielleicht darf man die Einsetzung der ständigen Königsboten im Jahre 825 als ein Zugeständnis auffassen, welches Ludwig und Lothar machen mussten, um die Zustimmung der Grossen für die Mitregentschaft Lothars zu erhalten, Simson I. 240, M. 773 c. [3]) Der Bischof Heiminus im Erzbisthum Besançon ist ganz unbekannt; unter den französischen Bischöfen kennt ihn auch Gams nicht. [4]) Man kann deshalb nicht von einer Erneuerung des Institutes der Königsboten im Sinne Karls d. G. sprechen, wie es Wenck 242, v. Noorden 133, Dümmler I[2], 383 gethan haben.

Silvac. 853 P. 423 ff. ¹). Wenn von den P. 426 genannten 12 Gruppen von Königsboten bei 11 derselben ²) theils ein geistlicher, theils ein weltlicher Würdenträger, theils beide zusammen in ihren Amtsbezirken als Königsboten thätig sind ³), wenn es von diesen Königsboten P. 424 l. 14 heisst: seniores ... ordinaverunt missos und P. 426 l. 16 vor der Aufzählung derselben: missi autem et pagi per missaticos qualiter fuerunt tunc ordinati, so können, da ordinare und constituere gleichbedeutend sind ⁴), diese Worte nur bezeichnen, dass die Grossen des Reiches als ständige Missi eingezetzt ⁵) seien. Deshalb treffen wir noch 857 den Bischof Jonas von Autun mit Graf Isembard als Königsboten ⁶), deshalb ist 857 zu den Grafen Ingiscalc und Berengar nach dem Tode ihres Genossen, des Bischofs Folcwin von Thérouanne, dessen Nachfolger Hunfrid getreten ⁷). Aus diesem Grunde führt noch 877 Hincmar die missatischen Geschäfte ⁸); so ist es zu

---

¹) Ueber den Reichstag von Servais und dessen Beschlüsse betreffend die Königsboten, vgl. Wenck, v. Noorden, Dümmler l. c. und v. Kalckstein 128 f. ²) s. oben S. 236. ³) Dies hebt, mit Bezug auf die Bischöfe, auch v. Noorden 134 hervor. ⁴) Vgl. p. 29 l. 19 f.: constituimus et ordinavimus per civitates legitimos episcopos; ferner die oben p. 241 gegebene Stelle in Verbindung mit p. 305 l. 16: per missos nostros quos ad hoc ordinaverimus. Die Missi, welche 853 ordinirt werden, spricht Karl II. P. 423 l. 35 an mit: missis nostris per regnum nostrum constitutis. Daneben hat ordinare auch die allgemeine Bedeutung von „ernennen" z. B. p. 118 l. 16 u. p. 301. l. 24. ⁵) Auf dem Reichstag von Valenciennes 853 Nr. 206 c. I. erlässt Lothar allerdings eine Ankündigung: de missis directis per regnum, ut populus pacem et institiam habeat, während Karl II. in allgemein gehaltenen Ausdrücken P. 423 c. 7 spricht: de institiis per episcopos et missos ac comites nostros in regno nostro studendis. Aber es ist gar nicht ausgeschlossen, dass die Könige, oder wenigstens Lothar, an die Erneuerung des Sendbotenamtes im Sinne Karls d. G. gedacht haben — so fassen Wenck 242, Dümmler 2², 382 die Sache auf — aber durch ihre Grossen daran gehindert worden, wie sich ja überhaupt aus dem lotharischen Reich keine Spur missatischer Thätigkeit erhalten hat. Hätten wirklich die Könige ihren Plan zur Ausführung gebracht, so hätte kein Grund vorgelegen, den, in der admuntiatio gebrauchten Terminus im Kapitular durch Worte von anderer Bedeutung zu ersetzen. ⁶) S. oben S. 237. ⁷) S. oben S. 236. n. 7. II. hat die missatischen Geschäfte seines Vorgängers übernommen nach der Bestimmung in Kar. II. Conv. Attiniac. 854 P. 428 c. I: ut addantur et suppleantur missi. ⁸) Die Noten werden gebracht werden, wo von dem letzten Vorkommen ständiger Königsboten in Frankreich die Rede sein wird, S. 248. Der Graf und Missus Harduin, an welchen Hincmar 870 ein Schreiben richtet, Flodoard, Hist. Rem. III, 26 SS. 13, 544, ist nicht identisch mit dem 853 P. 426 genannten Grafen II. Letzterer ist vor 859 gestorben, Dümmler 2², 39. — v. Kalckstein 72 glaubt, dass Robert von Anjou 861 nicht blos als Graf von Blois und Anjou, sondern auch als Königsbote restituiert worden sei.

4*

erklären, dass die, S. 236 f. aufgezählten Bischöfe in ihren Bischofsstädten als Missi thätig sind.

Die Einsetzung ständiger Missi bedeutet für die im Institut der wandernden Königsboten zum Ausdruck gebrachte Idee Karls d. G. den Untergang, bildet für die nach dem Tode Karls durch die Mitwirkung des Reichstages eingeleitete Entwicklungsphase den vorläufigen Abschluss, eröffnet in der Geschichte des Instituts der Königsboten überhaupt eine neue Periode.

Denn der ständige Königsbote ist das gerade Gegentheil vom wandernden.

Der wandernde Königsbote verdankt seine Entstehung der sich ihrer Kraft bewussten Centralgewalt, welche die territorialen Gewalten dem gemeinen Staatswohl dienstbar macht; der ständige Königsbote ist ein Erzeugnis des schwachen, in Zersetzung begriffenen Königtums, welches das Staatswohl den territorialen Interessen opfert.

Die Territorialgewalt hat durch die Einsetzung des ständigen Missus den Sieg über die Staatsgewalt davongetragen.

Dieser Wechsel in dem Verhältnis der beiden Prinzipien zu einander zog die verhängnisvollsten Folgen nach sich. Den Bestrebungen, welchen Karl d. G. stets aufs Entschiedenste entgegengetreten war, zu deren Bekämpfung ihm gerade die Sendboten gedient hatten, war nunmehr Thor und Thür geöffnet: die Bildung selbständiger Gewalten auf grösserem oder kleinerem Gebiet konnte ungestört vor sich gehen. Unter dem Vorwand, in ihrer Eigenschaft als Königsboten zu handeln, konnte der Ortsbischof seine Immunitäts-, der Graf seine gräflichen Rechte erweitern, konnte der Bischof sein immunes Gebiet, der Graf seinen Gau, sein Eigentum an Grundbesitz vergrössern; es kam nur darauf an, wer von beiden der stärkere war. Bei der physischen Ueberlegenheit des letzteren kann es nicht zweifelhaft sein, wer zunächst einen Gewinn aus seinem neuen Amte davontrug: Der Graf, welcher über ein gewisses Maass von Rücksichtslosigkeit und eine ansehnliche Schaar von Vassallen verfügte, war bei dem Mangel eines starken Königtums im stande, Städte und Landschaften, welche ihm nur in seiner Eigenschaft als Königsbote unterstellt, im Uebrigen aber unabhängig von ihm waren, derartig mit seinem Gau zu verbinden, dass sie als Eigentum auf seinen Erben übergingen.

Fehlt es auch leider in Folge der Beschaffenheit der Quellen an einem Beispiel, durch welches man den Gang der Entwicklung veranschaulichen könnte, so wird man dennoch behaupten können, dass nichts so sehr die Bildung der grossen, selbständigen Territorien und damit die Auflösung der westfränkischen und italienischen Monarchie befördert hat als die Ueberlassung der ständigen, missatischen Gewalt an die Ortsgewalten [1]).

Damit hängt es zusammen, dass auch der andere Zweck der Sendbotengewalt, der Zucht- und Rechtlosigkeit zu steuern und eine geordnete und unparteiische Rechtspflege auszuüben, von vorneherein vereitelt wurde. Denn mochten auch die Königsboten aus dem geistlichen Stande den besten Willen haben, Ruhe und Ordnung herzustellen, ihre weltlichen Genossen waren weit davon entfernt, sie in ihrem Streben zu unterstützen. Die Grafen, unbändig und selbständig, wie sie ohnehin schon waren, noch dazu bekleidet mit ausserordentlicher Machtvollkommenheit, konnten nunmehr, ungehindert durch das schwache Königtum, ihrer Willkühr erst recht die Zügel schiessen lassen; niemand war, da das Königtum sich selbst seiner Machtmittel beraubt hatte, im stande, sie im Zaume zu halten. Ungestraft und frei konnten sie ihre Gewalt misbrauchen, den Bischöfen entgegenarbeiten,

Daraus erklärt es sich, dass die Bischöfe trotz des nominellen Bestehens einer missatischen Gewalt doch noch auf die Absendung von Königsboten drangen und auf ihre Thätigkeit Gewicht legten [2]), dass neben den ständigen zeitweise auch noch wandernde Königsboten auftraten [3]). Weil die neue Einrichtung nicht genügte, weil die ständigen Königsboten ihren Pflichten nicht nachkamen, nahm man in ausserordentlichen Verhältnissen zu ausserordentlichen Massregeln, zur Ernennung wandernder Königsboten, seine Zuflucht [4]).

Die Berechtigung, das Amt eines ständigen, königlichen Sendboten innerhalb des eigenen territorialen Machtbereiches zu bekleiden, beruhte anfangs noch auf der ausdrücklichen Bestellung [5]) des eigenen Beamten: sie haftete nur an der Person, nicht am Amte. Erst im Laufe der Entwicklung machte sich, wie dies besonders klar bei den Geistlichen hervortritt, das Streben bemerkbar, dem Amte als solchem den Besitz der Königsboten-Gewalt zuzuwenden.

Zunächst gelang es den italienischen Bischöfen auf dem Reichstag zu Pavia 876 [6]) durchzusetzen, dass mit der bischöflichen Gewalt ein

---

[1] Erst jetzt kann man daher mit Ranke 5 [b], 200 davon sprechen, dass sie fast eine Territorialgewalt ausübten, s. oben S. 220 n. 1. [2]) S. oben S. 230.
[3]) S. oben S. 228. [4]) S. oben S. 230. [5]) Conv. ap. Marsnam 847 Nr. 204 c. 7: Ut in singulis partibus regni missi idonei constituantur; Conv. Silvac. 853 l'. 424 c. 1: seniores ... ordinaverunt; ferner oben S. 243 n. 7, dazu v. Kalckstein 35 n. 3; endlich das Schreiben der westfränkischen Bischöfe von Quierzy aus an Ludwig d. D. 858 Hincmari Opp. Migne 126, 21: missos einim (ales per regnum constituite. [6]) Kar. II. Cap. Pap. 876 Nr. 221, c. 12: Ipsi nihilo-

für alle Mal die eines Königsboten verbunden sein sollte: es war der Preis, um welchen Kaiser Karl die Anerkennung seiner Kaiserwürde durch die lombardische Geistlichkeit erkaufte. Noch in demselben Jahre musste Karl II. auf der Synode zu Ponthion[1]), wo die Paveser Beschlüsse bestätigt wurden, den westfränkischen Bischöfen das gleiche Zugeständnis machen. Diese Verordnungen wollten nicht, wie schon Ficker[2]) bemerkt hat, etwas durchaus Neues begründen, sondern das Gewohnheitsrecht, welches sich in verschiedenen Theilen des Reiches, durch verschiedene Verhältnisse begünstigt, herausgebildet hatte[3]), zum allgemein-giltigen Staatsrecht erheben.

Damit hatten die Bischöfe einen doppelten Sieg davongetragen. Denn der Erwerb der ständigen missatischen Gewalt seitens der Bischöfe stellt sich dar als der gelungene Versuch, die Immunitätsrechte auf Kosten der ordentlichen Gewalt zu erweitern[4]) und eine mit der des Grafen konkurrierende Gerichtsbarkeit zu erlangen[5]). Er ist ein Triumph über das Königtum[6]) und über die natürlichen Gegner der Bischöfe, über die Grafen[7]). Denn dafür, dass die missatische Gewalt, wie mit der bischöflichen, so auch mit der gräflichen ipso iure verbunden gewesen sei, fehlt es an jedem Anhalt[8]).

---

minus episcopi, singuli in suo episcopio missatici nostri potestate et auctoritate fungantur. Ficker 2, 12 f., Dümmler 2², 402, Ranke 6, 402. — Der von Ficker 2, 13 gegebenen Erklärung des c. 13: et si ipsi (sc. episcopi et comites) per se constringere ad emendationem illos non potuerint, constitutis missis nostris renuntient, dass nämlich die Bestellung ständiger Missi keineswegs die Thätigkeit ausserordentlicher Königsboten in dem betreffenden Bezirk ausschliessen sollte, kann ich nicht beistimmen. Denn die missi constituti sind unmöglich missi ad hoc directi. Da die missi constituti ständige Missi und die in c. 12 zu ständigen Königsboten eingesetzten Bischöfe und die Grafen im Falle ihrer Machtlosigkeit an die ersteren verwiesen werden, so können es nur solche mit grösserer Machtvollkommenheit sein d. h. entweder Erzbischöfe, sofern diese ein höheres Ansehen genossen als Bischöfe, oder die Weltlichen, sofern die hohe Strafgerichtsbarkeit dem Geistlichen seines Standes wegen entzogen war.
¹) P. 533. Dümmler 2², 410, welcher aber diese wichtige Maassregel übergeht. ²) 2, 14. ³) Vgl. die Thätigkeit der Bischöfe von Théronanne, Autun, Lucca und der Erzbischöfe von Mailand s. oben S. 237. ⁴) Ueber das Verhältniss des Bischofs zum comes civitatis in Italien s. v. Bethmann-Hollweg, Ursprung der lombardischen Städtefreiheit 97 f. ⁵) Ueber Italien vgl. Hegel 2, 65—70, Ficker 2, 15. ⁶) Ueber das Verhältnis der Könige zu den Bischöfen in Italien Hegel 1. c. ⁷) Sehr charakteristisch für das Verhältnis zwischen der geistlichen und weltlichen Macht ist die Wahlkapitulation König Widos 889 Nr. 222 c. 5: si . . ipse (sc. comes) neglexerit vel fecerit aut facienti prebuerit assensum, a loci episcopo usque ad dignam satisfactionem excommunicatus habeatur. Diese Aufsicht war früher Sache der Missi; vgl. auch unten S. 248 n. 5 die Auszüge aus Hincmars Briefen. ⁸) So auch Ficker 2, 39.

Zwar sehen wir, dass 825—857 Graf Berengar[1]), 853 Graf Waltcaudus[2]), 853—857 die Grafen Ingiscalc[2]) und Isembard[2]), 853 Graf Harduin[2]) und Robert von Anjou[2]), 892 und 898 Graf Sigefred von Piacenza[3]), 918 Graf Berengar von Mailand[4]) und 922 Graf Giselbert von Bergamo[4]) in ihren Grafschaften die Befugnisse von ständigen Königsboten besitzen. Aber nichts deutet darauf hin, dass der Besitz des gräflichen Amtes schon den Besitz der Missatgewalt in sich schloss. Man muss vielmehr annehmen, dass die Verleihung nur an die Person erfolgte und nicht, wie bei den Bischöfen, auf den Nachfolger im Amt überging.

Muss es schon als eine empfindliche Niederlage der Krone angesehen werden, dass sie dem ehrgeizigen Streben der Bischöfe durch die Bestimmung des Paveser Reichstages die gesetzliche Weihe gab und sich damit eines grossen Teiles ihres Einflusses auf die Geistlichkeit und auf die Leitung der geistlichen Angelegenheiten begab, so wäre es vollends zum Verderben des Königtums ausgeschlagen, wenn es den weltlichen Grossen möglich gemacht worden wäre, ihren ohnehin schon bedeutenden Rechten die noch weiter greifenden Befugnisse eines Königsboten auf Grund ihres Grafen-Amtes hinzuzufügen. Von den Bischöfen, den eigentlichen Trägern der inneren Politik, konnte man eher erwarten, dass sie, schon in ihrem eigenen Interesse die Gerichtsbarkeit — denn auf diese kam es in der letzten Zeit hauptsächlich an — nach den Grundsätzen einer geordneten Rechtspflege verwalten würden. Aber dieselbe Hoffnung auf die Grafen setzen zu wollen, wäre nach den Erfahrungen, welche man im Laufe der Zeit gemacht hatte, eine politische Kurzsichtigkeit gewesen.

Aber selbst mit dieser Beschränkung konnte dem inneren Verfall, welchem das fränkische Weltreich entgegenging, nicht Einhalt gethan, konnte die Unsicherheit und Verwahrlosung des Rechtes, eine Folge der Parteikämpfe, nicht beseitigt werden.

Sei es, dass die königliche Krone schon so viel an Autorität eingebüsst hatte, dass die Träger ihrer Gerichtsbarkeit nichts mehr gegenüber den Gewaltthätigkeiten der Grafen vermochten, sei es, dass den Bischöfen die Führung der missatischen Geschäfte eine unbequeme

---

[1]) Wie oben S. 236 f. schon mitgetheilt, war 853 und 857 Graf Berengar mit den Bischöfen von Thérouanne Missus in seinen Grafschaften, in denen das Bistum lag. Ein Graf desselben Namens begegnet als Königsbote 825 p. 308 (Anh. I. Nr. 92) mit dem Bischof von Noyon in einem Sprengel, welcher ausser Noyon auch Thérouanne umfasste; die Vermuthung liegt nahe, dass die 825 und 853 genannten Grafen B. dieselbe Person sind. [2]) S. oben S. 236 f. [3]) Campi I, 234, 238, Anh. I. Nr. 191, 193. [4]) S. oben S. 237.

Last war¹), sei es, dass die weltlichen Grossen gegen die Bevorzugung des Klerus mit der ganzen Macht ihrer Mittel reagierten²): genug, auch die Einrichtung der ständigen Missatgewalt fand bald ihr Ende. Im westfränkischen Reiche, scheint es, ist die Festsetzung des Reichstages von Pavia bezw. Ponthion ohne jeglichen Einfluss auf das absterbende Institut geblieben; sie scheint im Gegentheil eine entgegengesetzte Wirkung geäussert und das Ende nur beschleunigt zu haben. Sind schon in der ganzen letzten Periode die Zeugnisse für die Thätigkeit ständiger Königsboten überhaupt sehr spärlich, so fehlt es nach 876, um zunächst von den Geistlichen zu sprechen, an jedem Anhalt dafür, dass die Bischöfe noch fernerhin die missatische Gewalt ausgeübt haben. Der letzte ständige Königsbote aus der Reihe der Bischöfe, welcher sich noch sicher nachweisen lässt, erscheint zwischen der Kaiserkrönung und dem Tode Karls II., zwischen Weihnachten 875 und dem 6. Oktober 877 ³). Es ist das Haupt der westfränkischen Bischofspartei, Hincmar v. Reims. 853 zum Königsboten in seiner Erzdiöcese bestellt⁴) hat er dieses Amt mindestens bis 877 verwaltet⁵).

---

¹) Siehe auch Ficker 2, 14 f.: „Es mag überhaupt fraglich erscheinen, ob jene missatische Gewalt für die Bischöfe von grossem Werth war, so lange die gräfliche Gewalt ungeschmälert daneben bestand ... insbesondere musste die hohe Strafgerichtsbarkeit schon wegen der Schranken, welche dem geistlichen Stande hier gezogen waren, ausschliesslich Sache der Grafen bleiben." ²) Vgl. was Ranke 6, 229 und 231 über den Laien-Adel im westlichen Frankenreich und dessen Gegensatz zur Geistlichkeit bemerkt. — Vielleicht zeigen sich hier, wenn man Westfranken im Auge behält, schon die Anfänge des späteren französischen Rechtsgrundsatzes: „le baron est le souverain dans sa baronie," welcher das Eingreifen einer anderen Gewalt ausschloss. ³) S. Dümmler 2², 397; 3², 54. ⁴) S. oben S. 236. ⁵) Flodoard, Hist. Rem. III, 26 SS. 13,542: Hincmar an den illuster vir L.: mandat illi ex auctoritate Dei ... et sua episcopali nec non ex banno regis, cuius missus ipse pontifex erat, ut nullum impedimentum ... faciat ... quia si aliter fecerit, tam per episcopalem quam per missaticum regis quod inde rectum fuerit sustinebit, s. Schrörs 559 Nr. 547; Brief an Graf G. l. c. 545: distringetur ... tam de ministerio episcopali quam de missatico regis, Schrörs Nr. 555: beide Briefe sind wegen „missus regis" vor 875 zu setzen. Vgl. ferner den undatierbaren Brief an Graf Achadeus l. c. 546: per suum missaticum, quod de illo comite fieri debet, qui in suo comitatu iniustitiam faciat, exequi procuraret, Schrörs Nr. 546. Endlich den nach der Kaiserkrönung Karls II. abgefassten Brief an Graf Amalbert l. c. 546; reducens ad mentis oculos, ne forte mercennarius, non pastor haberetur iniustitiam videndo et tacendo, et quia missus imperatoris erat.... Unde eidem comiti ... ex .. banno imperatoris episcopali auctoritate precipit. Die Worte ex banno — auctoritate entsprechen genau den obigen tam de ministerio episcopali quam de missatico. Schrörs 548 Nr. 408.

Von diesem Jahre ab verschwinden die Bischöfe als ständige Missi aus dem öffentlichen Leben des westfränkischen Reiches.

Ihnen folgten nach wenigen Jahren auch die weltlichen. Auf dem Reichstage zu Ver 884 verordnete Karlomann noch einmal, dass die missi dominici den Bischöfen als Gehilfen an die Seite treten und sie bei der Beseitigung der Uebelstände unterstützen sollten[1]). Es ist das letzte Zeugnis für die Ausübung missatischer Gewalt überhaupt, die letzte Erwähnung eines ständigen Königsboten[2]).

Einen gleichen Ausgang nahm, wenn auch der Weg ein etwas weiterer war, die Entwicklung der Dinge in Italien. Hier hat, im Gegensatz zu Frankreich, die Paveser Verordnung dazu beigetragen, den ständigen Königsboten in den Bischofssitzen noch eine Zeit lang das Leben zu fristen. Noch 880[3]) finden wir zu Verona, 892 und 898 zu Piacenza, 899 und 901 zu Pavia, 905 zu Mailand, 908 noch einmal in Pavia, endlich 918 zu Verona[4]) die Ortsbischöfe in ihrer Eigenschaft als ständige Missi thätig. Aber von 918 ab fehlt es an jedem Anhalt, welcher zu dem Schluss auf ein Fortbestehen der missatischen Gewalt der Bischöfe berechtigte.

Im Anfang des 10. Jahrhunderts haben die Bischöfe aufgehört, in ihren Diöcesen als ständige Königsboten zu fungieren[5]).

Wenige Jahre später als die Bischöfe verschwinden auch die weltlichen Beamten, denen die missatischen Geschäfte in ihren Amtsbezirken übertragen waren. Jener Graf Berengar und Giselbert, welche 918 bezw. 922[6]) in den Grafschaften von Mailand und Bergamo als comites et missi constituiert wurden, sind die letzten ständigen Königsboten, welche in der Geschichte des karolingischen Italiens begegnen[7]).

---

[1]) Cap. ap. Vernis palatinum P. 552 c. 9: Et quia ad tantum malum funditus eradicandum . . . et tantum bonum plantandum . . . necesse habet episcopalis auctoritas indiciali potestate adiuvari, placuit nobis nostrisque fidelibus in commune, ut missi dominici . . . suis in locis ex hoc fideliter adiuvent. Dümmler 3², 629 n. 2. Der Gegensatz von episcopalis auct. und indicalis pot. ergiebt, dass die missi dom. weltliche Beamte sind. [2]) Vgl. auch Kar. II. conv. Carisiae. 877. P. 540 c. 18: Et missi nostri, qui per omne regnum nostrum constituti sunt, missaticum nostrum . . . agere non negligant. [3]) Hierzu und zum Folgenden s. oben S. 237, Anh. I Nr. 191, 193. [4]) Tiraboschi, Nonantula 2, 97. Neben dem Ortsbischof treffen wir hier auch den von Mantua mit dem Titel eines Missus: es hindert nichts, ihn mit Ficker 2, 14 für einen ständigen anzusehen. [5]) Ficker l. c. [6]) S. oben S. 237. [7]) Ueber das Fortbestehen der ständigen Missi in der deutschen Periode s. v. Bethmann-Hollweg, Städtefreiheit 77 und Ficker 2, 17 f.

IV.

Die Darstellung der Geschichte des Institutes der Königsboten hat sich bisher darauf beschränkt, die Schicksale desselben nach Auflösung der fränkischen Gesammt-Monarchie in dem westfränkischen und italischen Theilreich zu verfolgen. Es sollte dadurch der Versuch ermöglicht werden, ein geschlossenes Bild von der Entwicklung zu geben, welche die Königsboten bis zu ihrem letzten Auftreten durchgemacht haben, der Versuch, die Geschichte der Königsboten als ein in sich zusammenhängendes und von Stufe zu Stufe fortschreitendes Ganze zu zeichnen. Um diesen Zweck erreichen zu können, war es notwendig, Deutschland, in welchem sich die Dinge anders gestalteten, unberücksichtigt zu lassen, rechtfertigt es sich, wenn dessen Verhältnisse einer gesonderten Betrachtung unterzogen werden.

In Deutschland[1]) sind die Königsboten in keiner Weise, weder als wandernde, noch als ständige[2]) in Anwendung gekommen; das Institut der Königsboten ist von Ludwig dem Deutschen und seinen Nachfolgern ein für alle Mal und prinzipiell abgelehnt worden.

Zwar hatte Ludwig auf dem Frankentag zu Meersen 847 dem daselbst gefassten Beschluss[3]), Königsboten zur Sicherung des Rechtes anzustellen, beigestimmt, aber nichts deutet darauf hin, dass er ihn auch wirklich ausgeführt habe[4]). Denn die Missi, welche unter seiner und Arnolfs Regierung noch vielfach begegnen[5]), können hier nicht in Betracht kommen, da sie insgesammt zur Klasse derer gehören, welche einen einzelnen Auftrag zu besorgen haben[6]). Von keinem einzelnen lässt sich mit nur einiger Sicherheit nachweisen, dass er allgemeine Vollmacht oder ständige missatische Gewalt besessen habe[7]).

Die Gründe[8]), welche Ludwig bestimmt haben, auf die regelmässige Thätigkeit von Königsboten zu verzichten, sind in den territorialen Verhältnissen des deutschen Reiches und in der Regierungsweise des Königs zu suchen. War für Karl d. Gr. die riesige Ausdehnung seines Reiches, welche die gleichmässige Berücksichtigung aller Theile seitens des Herrschers zur Unmöglichkeit machte, mitbestimmend gewesen bei

---

[1]) Vgl. hierüber Dümmler 2², 443 f. und 3², 629 f.   [2]) Deshalb mussten die Versuche Leibnitz', die Herzogsgewalt aus der missatischen abzuleiten, misslingen: s. Waitz 5, 36 und Giesebrecht 1⁵, 805 f.   [3]) Nr. 204 c. 7: Ut in singulis partibus regni missi idonei constituantur.   [4]) Zweifelnd Dümmler 2², 443 f.   [5]) s. Anhang II. Nr. 189 f.   [6]) Darauf hat auch schon Dümmler l. c. aufmerksam gemacht.   [7]) Ueber die Kammerboten Adalbert und Werner, Berthold und Erchinger in der bekannten Stelle des Ekkehard IV. Cas. S. Galli SS. 2, 83 vgl. Waitz 7, 176 und Dümmler 3², 578 n. 3.   [8]) Dümmler 2², 444 deutet sie nur an.

der Einsetzung der wandernden Königsboten, so war die Kleinheit des ostfränkischen Reiches ein Grund dafür, eine Beamtenklasse zu beseitigen, deren Befugnisse nunmehr bei gutem Willen von einem tüchtigen König selbst übernommen werden konnten. Und Ludwig, welcher die Ausübung des Richteramtes als eine seiner wichtigsten Aufgaben ansah[1]), hatte den Willen und bei der verhältnissmässig geringen Grösse seines Gebietes die Möglichkeit, in eigener Person, von Land zu Land, von Ort zu Ort ziehend, Recht und Gerechtigkeit zu pflegen, lässige Grafen anzutreiben, widerspänstige zu züchtigen.

Nirgends tritt diese Thätigkeit Ludwigs klarer und anschaulicher zu Tage, nirgends kann man seinen persönlichen Einfluss auf die Ordnung der Rechtspflege und damit die Entbehrlichkeit der Königsboten besser erkennen, als in der trefflichen Schilderung seines Annalisten Rudolf z. J. 852[2]): Profectus est in Saxoniam ob eorum vel maxime causas iudicandas, qui a pravis et subdolis iudicibus neglecti, et multimodis, ut dicunt, legis suae dilationibus decepti, graves atque diuturnas paciebantur iniurias ... Igitur in loco, qui appellatur Mimida ... habitu generali conventu, tam causas populi ad se perlatas iusto absolvit examine, quam ad se pertinentes possessiones iuridicorum gentis decreto recepit[3]). Inde transiens per Angros, Harudos, Suabos et Hohsingos, et per mansiones singulas, prout se praebuit oportunitas causas populi diiudicans Thuringiam ingreditur[4]).

Das wandernde, sich seiner Aufgabe bewusste und dieselbe streng durchführende deutsche Königtum hat die den karolingischen Sendboten übertragenen Pflichten wieder auf sich genommen[5]), dadurch die regelmässige Thätigkeit der missi discurrentes überflüssig gemacht, das Institut der Königsboten überhaupt beseitigt.

---

[1]) Dümmler 2², 416. [2]) Ann. Fuld. SS. 1, 368; dazu Dümmler 1², 365 f. [3]) Treffend bemerkt hierzu Dümmler l. c.: „Der König suchte hier selbst die Uebelstände zu beseitigen, deren Hebung sonst den Königsboten oblegen." Es darf als bekannt vorausgesetzt werden, dass die Kontrolle über die Grafen und die Aufsicht über die königlichen Beneficien hauptsächlich und ganz besonders zu den Obliegenheiten der Königsboten Karls d. G. gehörten. [4]) Vgl. ferner Ann. Fuld. ad a. 873 SS. 1, 386: in villa Bisestat prope Wormatiam placitum habuit, filiosque suos, Hludowicum scilicet et Karolum, ad audiendum singulorum causas constituit, et quicquid illi per se terminare non possent, patris indicio reservarent. [5]) Man muss also die von Dümmler 3², 620 aufgeworfene Frage, ob die Befugnisse der Königsboten etwa auf andere Beamten übertragen worden, verneinen.

V.

Die Darstellung einer Geschichte der Königsboten ist an ihrem Ziel angelangt. Es erübrigt noch, jener Klasse von Vertretern und Boten des Königs zu gedenken, welche man als ausserordentliche Königsboten[1]) zu bezeichnen pflegt.

Der ausserordentliche Königsbote ist ein durch besonderen Befehl für einen einzelnen bestimmten Fall ernannter Vertreter des Königs[2]); er ist in dieser Weise nach Sohm „eine sich in jedem Verwaltungsorganismus von selbst ergebende Form der Stellvertretung des Herrschers." Aber diese selbstverständliche Erscheinung gewinnt Bedeutung und Wichtigkeit, wenn sie einer Schöpfung an die Seite tritt, welche dazu berufen schien, die Stellvertretung des Königs ein für alle Mal zu übernehmen. Denn es muss auffallen, dass neben den ordentlichen Königsboten mit allgemeiner Vollmacht, deren Thätigkeit ein so grosses Gebiet umfasste, ausserdem noch Königsboten mit Einzelauftrag auftreten, denen die Erledigung nur einer Sache obliegt.

Die Frage liegt nahe, in welchem Verhältnis die beiden Klassen zu einander standen; ob die Kompetenz des einen durch den andern geschmälert wurde oder ob beide gleichberechtigt neben einander hergingen.

Während Waitz[3]) sich für eine völlige Gleichstellung beider ausspricht, hat Sohm[4]) die Frage dahin beantwortet, dass einzelne Befugnisse nur durch ausserordentliche Missi hätten ausgeübt werden können. Er rechnet hierzu vor allem die Ein- und Absetzung der Grafen, die Eintreibung des Heerbanns und des Fodrum und endlich die Verfügung über die militärischen Kräfte des Reiches gegen auswärtige Feinde.

Um den richtigen Standpunkt in dieser Streitfrage einnehmen zu können, muss man sich daran erinnern, dass das Gebiet der missatischen Thätigkeit die innere Reichsregierung ist[5]), dass die äussere Politik dem ordentlichen Königsboten gänzlich fern liegt. Ebensowenig wie der politische Gesandte, welcher auch den Titel missus führt, mit dem ordentlichen Königsboten etwas gemein hat, ebensowenig auch der Anführer einer Heeresabtheilung, ebensowenig der zur Bestätigung der Papstwahl abgeordnete Königsbote. Deshalb kommen von vornherein alle Befugnisse, welche mit der äussern Politik in Beziehung

---

[1]) Hierüber Waitz 3², 480 f.; 4², 619; Sohm I, 481.   [2]) S. oben S. 204.
[3]) 3², 481 n. 1.   [4]) I, 484.   [5]) Sohm l. c.

stehen, ausser Betracht. Denn nur dann kann man von einer Beschränkung des ordentlichen Missus dem ausserordentlichen gegenüber sprechen, wenn ihm auf dem eigentlichen Gebiet seiner Thätigkeit die Vornahme von solchen Regierungshandlungen entzogen wäre, welche ihm seiner ganzen Stellung nach hätten zukommen können. Der Schauplatz, auf welchem die Kompetenzstreitigkeiten des ordentlichen und ausserordentlichen Missus entschieden werden können, ist daher einzig und allein die innere Reichsverwaltung. Nur hier wird sich die Frage beantworten lassen, ob einzelne Befugnisse, welche zum Machtbereich des ordentlichen Königsboten hätten gehören können, diesem entzogen und dem ausserordentlichen Boten übertragen worden sind. Und da ergiebt sich denn als Resultat, dass, abgesehen von der Vornahme der Investitur von fiskalischen Grundstücken[1]) und der Ein- und Absetzung der Grafen, welche vom ordentlichen Missus nicht auf Grund des allgemeinen Auftrages, sondern nur kraft ausdrücklicher Vollmacht[2]) vorgenommen werden konnten, von einem Unterschied in der Kompetenz des ordentlichen und ausserordentlichen Missus nicht die Rede ist.

Die Fälle der freiwilligen[3]) und streitigen[4]) Gerichtsbarkeit entscheidet der ordentliche Königsbote mit demselben Recht wie der ausserordentliche. Die Investitur von Gütern als Abschluss des Prozesses im ordentlichen und Ungehorsams-Verfahren[5]) nimmt sowohl der ordentliche[6]) Missus vor, wie der ausserordentliche[7]). Den Inquisitionsbeweis

---

[1]) Denn die Voraussetzung derselben, die Schenkung, ist persönlicher Willensakt des Königs; die Stellvertretung desselben durch den Missus geht nicht so weit, dass dieser auf eigene Faust über das Krongut frei verfügen kann. [2]) Sohm 1, 246 n. 118. [3]) 813 Cod. Long. 164 Nr. 88, Anh. I. Nr. 62. — 823 Vaissete 2ᵇ, 147, Anh. II. Nr. 81; 862 Mem. di Lucca 4ᵇ, 49, Anh. II. Nr. 147; 872 Wartmann, Urkundenbuch der Abtei St. Gallen 2, 171, Anh. II. Nr. 203; 878 Cartular v. Rheinau 30 Nr. 20, Anh. II. Nr. 207; 886 Wartmann 2, 260, Anh. II. Nr. 212; 891 Ficker 4, 21 Nr. 17, Anh. II. Nr. 178; 910 Cod. Long. 753, Anh. II. Nr. 184; 912 l. c. 775 Anh. II. Nr. 185; 941 l. c. 966, Anh. II. Nr. 187; 833 Graf G. bestreitet die Rechtmässigkeit eines Gütertausches zwischen den Bischöfen von Verona und Brescia quoniam legaliter absque regio misso non poterant commutari, Muratori Ant. 1, 459. [4]) Die Beispiele hiefür sind so zahlreich, dass ein Hinweis auf die Anhänge genügt, deren Urkunden fast sämmtlich diesen Gegenstand behandeln. Siehe aber n. 6 und 7 und Waitz 3², 480 n. 1. [5]) S. Ficker 1, 22, 32. [6]) 780 Guérard, Cart. de St. Victor 1, 43, Anh. I. Nr. 2; 802 Mem. di Lucca 4ᵇ, 5 Nr. 3, Anh. I. Nr. 32; 821 Balzani 2, 207 Nr. 251, Anh. I. Nr. 81; 836 Vaissete 2ᵇ, 194 Nr. 90, Anh. I. Nr. 120; 870 l. c. 355, Anh. I. Nr. 163; 897 Mem. di Lucca 4, App. 70 Nr. 55, Anh. I. Nr. 192; 922 Cod. Long. 860, Anh. I. Nr. 204. [7]) 781 Cod. Car. ep. 70, Jaffé, Bibl. 4, 218, Anh. II. Nr. 14; 801 Balzani 2, 138 Nr. 166, Anh. II. Nr. 37; nach 801 Muratori Ant. 5, 923, Anh. II. Nr. 38; 801—814 Cod. Car. ep. 9, Jaffé 4, 334,

kann der missus discurrens[1]) aus eigener Machtvollkommenheit, gestützt auf sein Mandat ad institias faciendas, anstellen; kann der König durch eigens dazu abgeordnete Bevollmächtigte[2]) antreten lassen. Die definitiva sententia auf Grund des Inquisitionsbeweises kann, wie der ordentliche[1]), so auch der ausserordentliche[3]) Königsbote fällen. Der Treueid wird abgenommen vom ordentlichen[4]) wie vom ausserordentlichen[5]) Missus. Beide sind in gleicher Weise befähigt, das Heeresaufgebot bekannt zu machen[6]), die Heerbannbusse einzutreiben[7]). Beide gehen selbständig neben einander her, beide haben gleiche Befugnisse. Deshalb lässt sich auch der auffallende Parallelismus in der Thätigkeit beider nicht aus dem Wesen der beiden Klassen, sondern nur aus den äusseren Verhältnissen des praktischen Lebens erklären. Kann

---

Anh. II. Nr. 50; 834—835 Gesta Aldrici b. Baluze Misc. 3, 165, Anh. II. Nr. 100ᵃ; 864 Wartmann 2, 117, Anh. II. Nr. 198; 871 Mem. di Lucca 4ᵇ, 52, Anh. II. Nr. 168; 873 Muratori, Scriptores 1ᵇ, 396, Anh. II. Nr. 169; 896 Cod. Long. 613 Nr. 370, Anh. II. Nr. 179; 901 Mem. di Lucca 5ᶜ, 639 Nr. 1768, Anh. II. Nr. 182.

[1]) Brunner, Zeugen- und Inquisitionsbeweis der karoling. Zeit (Separatabdruck aus den Wiener Sitzungsberichten 51 B.) 115, 133 f. [2]) Brunner 115 f. [3]) Brunner 121 f. [4]) 786 Ann. Naz. SS. 1, 42, Anh. I. Nr. 6; Cap. miss. 792 vel 786 p. 66 Ueberschrift, Anh. I. Nr. 6ᵃ; Cap. miss. gen. 802 p. 92 c. 2, Anh. I. Nr. 25. [5]) 787 Einh. vita Karoli c. 10 ed. Waitz p. 10, Anh. II. Nr. 22; 796 Ann. Einh. SS. 1, 183, Anh. II. Nr. 32; 840 Nithard II. 1, SS. 2, 655, Anh. II. 114ᵃ; 870 Andreas Berg. c. 14 M. G. SS. rer. Long. 227, Anh. II. Nr. 165. [6]) Waitz 4², 550. — 1. c. 549. [7]) Anders Sohm 1, 484, dessen Beweisgründe ich jedoch nicht anerkennen kann. Er übersieht vor Allem, dass die im Cap. miss. Theod. II. 803 p. 125 c. 19, Cap. miss. Nimmag. 806 p. 131, c. 5, Cap. miss. de exerc. promov. 808 p. 137 f. c. 3 und 7, Cap. miss. Aquisgr. I. 810 p. 153 c. 12, Cap. miss. Ital. 781—810 p. 207 c. 13, Capp. Francica p. 334 c. 7 genannten Königsboten, welchen die Eintreibung der Heerbannbusse übertragen ist, ordentliche Missi sind. Letzteres Geschäft ist nur ein Theil dessen, was die Gesandten-Instruktion enthält, s. besonders p. 131 c. 5. Nichts deutet darauf hin, dass unter diesen Königsboten andere zu verstehen sind als diejenigen, welche sonst noch in den betreffenden Kapitularien genannt sind. Nichts berechtigt zu der Annahme, dass sie ausserordentliche Sendboten sind. Deshalb wird man auch die in weniger scharfer Verbindung angeführten Missi — Cap. de reb. exerc. 811 p. 165. c. 6, Cap. Bonon. 811 p. 166 f. c. 2, 9 — unbedenklich für ordentliche Königsboten halten können. Die Frage erledigt sich jetzt durch Lamberti cap. 898 Nr. 225 c. 7: Ut bandum preter missi exercitus imperiales solummodo missi exigant; s. übrigens Waitz 4², 577 f. Auch für die andere Behauptung Sohms l. c., dass die Eintreibung des fodrum ausschliesslich Sache der ausserordentlichen Königsboten gewesen sei, finde ich keine Stütze in den Kapitularien. Cap. miss. ital. 781—810. p. 207 c. 13, Cap. miss. 832 Nr. 202 c. 7, Kar. II. cap. missis data 865 P. 502 c. 8 nehmen nur auf ordentliche Missi Bezug.

man sich auch die Thätigkeit der ordentlichen Königsboten in der Blüthezeit des Institutes unter Karl d. Gr. fast als eine beständige denken, so war es doch nicht ausgeschlossen, dass der eine oder der andere Theil des Sprengels ein Zeit lang unbesucht blieb. Dieser Umstand mochte zunächst die Veranlassung sein, die infolge der Abwesenheit der ordentlichen Königsboten noch schwebenden Angelegenheiten oder die während derselben erst entstandenen Streitfragen gewöhnlich nach einer vor den König gebrachten diesbezüglichen Bitte seitens der Betheiligten durch einen besonderen Bevollmächtigten erledigen zu lassen[1]). Dazu kam, und das scheint am häufigsten vorgekommen zu sein, dass die Missi ihre Gewalt misbrauchten, ungerechte Entscheidungen fällten oder ihre Pflichten ganz vernachlässigten[2]). Die Folge davon war, dass die Benachtheiligten sich um Hilfe an den König wandten[3]), welcher, nicht im Stande, alle vor das Königsgericht gebrachten Sachen selbst erledigen zu können, seine Zuflucht zu ausserordentlichen Königsboten nahm, um durch diese die einzelnen schwebenden Prozesse an Ort und Stelle schlichten zu lassen.

Als dann mit dem Verfall des Sendboten-Instituts den Untertanen jede Möglichkeit genommen war, im gegebenen Augenblicke Schutz zu finden vor den Gewaltthätigkeiten der Grafen und in den der Kompetenz der ordentlichen Gerichte entzogenen Sachen eine Entscheidung herbeizuführen, wurde die Zahl der beim Königsgericht vorgebrachten Klagen immer grösser, musste auch die Thätigkeit der ausserordentlichen Königsboten in höherem Maasse als bisher in Anspruch genommen werden. Damit hängt es zusammen, dass auch in der Wahl der Persönlichkeiten, welche zu ausserordentlichen Sendboten verwendet

---

[1]) 801 Balzani 2, 138 Nr. 166, Anh. II. Nr. 37; 802 Alcuini ep. 182 Jaffé Bibl. 6, 645 und ep. 184 p. 647, Anh. II. Nr. 39; 787 Muratori, Scriptores 1ᵇ, 366, Anh. II. Nr. 20, 21. [2]) S. oben S. 227; vgl. ferner die Erzählung in Form. Bitur. Nr. 14. p. 174 und in der vita Walae I. 26 SS. 2, 543. Aehnlich auch die Verhältnisse im Brief Johanns VIII. an Karl III. 880, Mansi 17, 179 ep. 246, Jaffé, Reg. pont. 1², 3318. [3]) Cap. miss. Wormat. 829 Nr. 192 c. 14: populo dicatur, ut caveat de aliis causis se ad nos reclamare, nisi de quibus aut missi nostri aut comites eis iustitias facere noluerint; ferner vorstehende Note und die 3 Bittschreiben des Bischofs Victor von Chur an Kaiser Ludwig b. Mohr, Codex dipl. 26, 29, 30. Dazu 816 Beyer 1, 57, Anh. II. Nr. 58; 819 Mon. Boic. 31, 44, Anh. II. Nr. 70; 820 l. c. 28ᵃ, 13 Nr. 8, Anh. II. Nr. 74; 821 Wartmann 1, 250 Nr. 263, Anh. II. Nr. 75; 823 Böhmer, Cod. dipl. Moenofranc. 2, Anh. II. Nr. 78; 835 Cod. Long. 220 Nr. 123, Anh. II. Nr. 102; 834 835 Gesta Aldrici b. Baluze Misc. 3, 166, Anh. II. Nr. 100ᵃ; 816 836 Wartmann 2, 395 Nr. 18, Anh. II. Nr. 104.

wurden, eine Aenderung eintrat. Denn in der ersten Zeit, in welcher die Bevollmächtigung für einen einzelnen Fall gewissermaassen ein Nothbehelf war, konnten noch für jede Angelegenheit besondere Boten vom Hofe aus — de palatio oder de parte d. regis — an Ort und Stelle hingeschickt werden¹). Diese Art der Stellvertretung musste aber in den Hintergrund treten²), sobald sich die Bitten um königsgerichtliche Entscheidung häuften, sobald es unmöglich war, auf jede vorgebrachte Klage hin einen besonderen Missus abzuschicken. Man suchte sich hierbei auf mannigfache Weise zu helfen: entweder bevollmächtigte man die ordentlichen Königsboten noch ausdrücklich für eine bestimmte Sache, ernannte sie also für diesen einen Fall zu ausserordentlichen Königsboten³) oder man bestellte für eine Kirche eine Anzahl von geistlichen und weltlichen Grossen, meist aus der Nachbarschaft, als Königsboten mit dem Auftrag, alle von dieser Kirche anhängig gemachten Klagen nach dem Verfahren des Königsgerichts, d. h. durch die inquisitio per testes, zur Entscheidung zu bringen⁴), oder endlich, und das war das einfachste und gebräuchlichste Mittel, man bediente sich der Ortsgewalten, um durch diese als Königsboten ad hoc die Prozesse erledigen zu lassen.

¹) 782 Wandalberti mirac. s. Goaris SS. 15, 373, Anh. II. Nr. 15; 802 Alcuini ep. 182, Jaffé Bibl. 6, 645 und ep. 184 p. 647, Anh. II. Nr. 30; 800—814 Form. Bitur. Nr. 14. p. 174, Anh. I. Nr. 49; 768—814 Monachus Sangallensis 1, 25, Jaffé Bibl. 4, 656, Anh. II. Nr. 48; 816 Beyer 1, 57, Anh. II. Nr. 58; 817 Bouquet 6, 509, Anh. II. Nr. 67; 822—823 Böhmer, Cod. dipl. 2, Anh. II. Nr. 78; 826 Agobardi ep. ad proceres palatii, Opp. 1, 196, Anh. II. Nr. 86; 827 Martène Coll. 2, 25, Anh. II. Nr. 88; 831 Mohr 1, 32 und Grandidier, Strasbourg 2ᵇ, 197, Anh. II. Nr. 93; 833 Muratori Ant. 5, 927, Anh. II. Nr. 99; 835 Cod. Long. 220 Nr. 123, Anh. II. Nr. 102; 829—836 Bouquet 8, 376 Nr. 16, Anh. II. Nr. 112.   ²) Dass sie nicht ganz aufhörte, beweisen folgende Urkunden: 845 Muratori Ant. 2, 972, Anh. II. Nr. 139; 851 Cod. Long. 303, Anh. II. Nr. 142; 863 Mem. di Lucca 4ᵇ, 49, Anh. II. Nr. 147; 871 Muratori Script. 1ᵇ, 396, Anh. II. Nr. 166; 896 Cod. Long. 613 Nr. 370, Anh. II. Nr. 179; 910 l. c. 753, Anh. II. Nr. 184; 929 l. c. 905 Nr. 531, Anh. II. Nr. 186; 868 Hincmari Opp. Migne 125, 1051, Anh. II. Nr. 121; 839—845 Wartmann 3, 685 Nr. 4, Anh. II. Nr. 190; 893 Mittheilungen der antiquar. Gesellsch. in Zürich 8, Beil. 20, Anh. II. Nr. 214.   ³) 820 Bischof Hetto von Basel, Abt Ansegis von Fontanello und Graf Gerard einerseits, Bischof Adalho von Strassburg und Graf Artmann andererseits, quos propter diversorum hominum causas et iustitias faciendas in ducatum spoletanum direximus, bezw. quos ad iustitias faciendas in Italiam misimus, werden beauftragt eine Inquisition in Spoleto und Piacenza vorzunehmen. Balzani 2, 204, Anh. I. Nr. 78 und Ughelli 2², 201, Anh. I. Nr. 77. Hierher gehört auch Bischof Baderad von Paderborn 831 - 833 Wilmanns 1, 28, Anh. I. Nr. 114.   ⁴) 841 Mittheil. d. Instituts f. österr. Geschichtsforschung 2, 450, Anh. II. Nr. 134; Cod. Long. 248 Nr. 141, Anh. II. Nr. 135; 871 Mem. di Lucca 4ᵇ, 54, Anh. II. Nr. 167.

Dabei war es ganz unwesentlich, ob der Bischof oder der Graf oder irgend eine andere Person mit der Vornahme einer Gerichtsverhandlung betraut wurde: wie es gerade die örtlichen Verhältnisse mit sich brachten, wurde bald die weltliche[1], bald die geistliche[2] Macht, bald beide zusammen für die besonderen Zwecke der königlichen Gerichtsbarkeit in Anspruch genommen, während in Deutschland aller Wahrscheinlichkeit nach besonders die Ortsgrafen als ausserordentliche Königsboten verwendet wurden[3]).

Diese Stellvertretung des karolingischen Königs, welche sich in Deutschland bis 893[4]), in Frankreich bis 899[5]), in Italien bis 845[6]) nachweisen lässt, musste aufhören, als die Voraussetzungen zu ihrer Anwendung, die Fähigkeit des Herrschers, Recht zu verschaffen, und das Vertrauen des Volkes, Recht zu erhalten, fehlten. Da, wo die Inhaber der höchsten richterlichen Gewalt, in beständige Parteikämpfe verstrickt, der Macht der Verhältnisse unterliegen, den Grossen des Reiches die Zügel der Regierung überlassen müssen, ist keine Möglichkeit, ist keine Stätte für die Verwaltung der Rechtspflege, für die Ausübung der königlichen Gerichtsbarkeit.

In derselben einfachen Form, in welcher die Stellvertretung des fränkischen Königs begonnen hat, verschwindet sie auch aus der fränkischen Verfassung.

Wie die fränkische Monarchie, entstanden aus kleinen Anfängen, zu voller Macht gelangt ist unter Karl d. Gr., gesunken und verfallen unter seinen Nachfolgern, so auch die missi dominici ihrer Könige: die Geschichte des fränkischen Reiches spiegelt sich wieder in der Geschichte des Institutes der Königsboten.

[1]) Grafen: 814 Bouquet 6, 457, Anh. II. Nr. 52; 838 Mem. di Lucca 5b, 321 Nr. 539, Anh. II. Nr. 108; 814—840 Wartmann 2, 396, Anh. II Nr. 114; 850 bis 870 Campi 1, 468 Nr. 22, Anh. II. Nr. 164. Gastalden: 873 Muratori Script. 1b, 396, Anh. II. Nr. 169; 941 Cod. Long. 966, Anh. II. Nr. 187. Vassallen: 945, Muratori Ant. I, 463, Anh. II. Nr. 188. [2]) Bischöfe: 835 Bouquet 6, 604, Anh. II. Nr. 103. [3]) Dies kann man daraus schliessen, dass es in einer Zeugenaussage 839—845 bei Wartmann 3, 685 Nr. 4 heisst: coram misso Attonis comitis, videlicet Ruadloho, in vice eiusdem comitis a parte palacii missi. Sonst wurde also der Graf dazu beordert, welchen wir auch wirklich 842—872 l. c. 2, 397 Nr. 21 (Anh. II. Nr. 204) als missus finden; s. auch Anh. II. Nr. 209. [4]) Mittheilungen d. antiq. Gesellsch. in Zürich 8, Beil. 20, Anh. II. Nr. 214. [5]) Bouquet 9, 477, 506, Anh. II. Nr. 132. [6]) Muratori Ant. I, 463, Anh. II. Nr. 188. Ficker 2, 43. n. 2.

Anhang I.

Ueberblick über die Thätigkeit wandernder und ständiger Königsboten.

Nr.	Jahr	Name und Stand	Zahl	Art	Ort	Zweck	Quelle
1*	771 16/2	Sindolt¹)	1	disc.	Mainz	Als Zeuge bei einer Tradition	Dronke 22 Nr. 33
2	780 23/2	Viernarius und Arimodus	2	„	Digne	Revestitur	Guérard, St. Victor 1, 43 f.
3	vor 781	missi	?	„	villa Rostorp Nähe v. Fulda	Einziehung von Gütern für d. Fiskus	Dronke 45 Nr.73,M.239
4	782	Wichert	1	„	Gegend von Metlach	Güterstreit	Forsch. 3, 151, M. 292
5	782 28/5 3/6	Gualtarius, Adalbertus, Fulco, Gibuinus	4	„	Narbonne	„	Vaissete 2ᵇ, 47.
6	786	missi	?	„	Italien, Neustrien, Aquitanien	Abnahme des Eides v. den abgefallenen Thüringern	Ann. Naz. SS. 1, 42. Abel-Simson 1², 524,M.262c.
6a		missi	?	„	Reich.	ad iustitias faciendas.	Cap. miss. p. 66, M. 264
7	789 23/3	missi	?	„	Reich	ad iustitias faciendas	Dupl. leg. ed. p.62, M. 291
8	789	Mancio und Eugerius	2	„	Aquitanien	„	Breviar.miss. 65, M. 293

¹) Vorbemerkung: Die mit einem * versehenen Nummern zeigen an, dass es zweifelhaft ist, zu welcher Klasse von Königsboten der betreffende Missus gehört. In diesem Falle ist er in beiden Anhängen genannt.
²) Die Unterschrift lässt nicht erkennen, ob ein oder mehrere Königsboten anwesend waren.

Nr.	Jahr	Name und Stand	Zahl	Art	Ort	Zweck	Quelle
9	790	Ascarius, Abt von Prüm u. Achardus	2	disc.	Lahn-, Einrichs- und Engersgau	Evindikation für d. Fiskus	Beyer 1,39 Nr.35,M.298
10	790	Hadebald u. Ermengaud	2	„	Poitiers	Güterstreit	Besly préf. 17
11	788–791	missi	?	„	Gegend von Passau	Tradition	Mon. Boic. 28^h, 49 Nr. 59
12	791 14/8	Acbert und Godebert	2	„	Melun	Rückgabe von Gütern	Tardif 70 Nr. 92
13	791	Kerolt und Meginfrid	2	„	Gegend von Freising	Schutz eines Presbyter	Meichelbeck 1b,82 Nr.103, Simson 2,192
14	791 20/9	Arn, Bischof v. Salzburg, Kerolt, Meginfrid, Wolfholt	4	„	Lorch am Wartberg	Streit um eine Kirche	ib.96Nr.129, über Datierung s. Zeissberg, Arno 337
15	vor 793	missi	?	„	Gegend von Freising	Evindikation für d. Fiskus	ib. 85
16	798 im Mai	Abt Mancio, Haroinus, Hisembard	3	„	Spoleto	Streit wegen Fischerei	Balzani 2, 142 Nr. 171
17	798	Richolf, Graf Rorich, Graf Gottschalk, Graf Had, Garich	5	„	Sachsen	ad iustitias faciendas	Ann. Lauriss. SS. 1,184, Jaffé Bibl. 3, 320, Simson 2,143
18	798	Theodulf, Bischof v. Orléans, Leidrad, Bischof von Lyon	2	„	von Lyon über Avignon nach Carcassonne, Arles, Marseille, Aix	ad iustitias faciendas	Theod. versus contra indices, Poet. lat. 1,496 f., Simson 2, 152 f.
19	799	Wirund, Abt von Stablo, Winegis, Herzog v. Spoleto	2	„	Rom apud basilicam s. Petri		Ann. Lauriss. 1,184, Simson 2,171, Gregorovius 2², 472, M.339b, Jaffé Reg. pont. 1², 2500

5*

Nr.	Jahr	Name und Stand	Zahl	Art	Ort	Zweck	Quelle
20	799	Wibertus, Ardionus	2	disc.	Gegend von Turin oder Novalese	Klagemehrerer Höriger des Klosters Novalese	Mon.Patr.Ch. 1,34, erwähnt im Placitum 827. 8/5.
21	768 800	missus	1	„	?	Güterstreit	Form. sal. Merk. Nr. 27 p. 251
22	784 – 800	Wolfolt, Rimigerus	2	„ missi in Baivaria	Erding bei Freising	Rückgabe von Gütern	Meichelbeck 1b, 119 Nr. 181
23	799 – 802	Paulinus, Patriarch v. Aquileja, Arn, Erzb. v. Salzburg, Fardulf, Abt von St. Denis, Pfalzgr. Echerigus	4	„ qui tunc hic in Italia missi fuerunt	Gegend von Pistoja	Inquisition	Muratori Ant. 5,953, erwähnt im Placitum von 812, Zeissberg 341 f., Simson 2,137 n. 4, 554 n. 5
24	802 15/2	Erzb. Arn, Kisclhard index	2	„	Mattighofen bei Passau	Inquisition, Ueberweisung von Knechten	Mon. Boic. 28b, 66 Nr. 83, Zeissberg 339 f., Simson 2,271
25	802 März	missi	?	„	Reich	ad iustitias faciendas	Cap. miss. gen. p. 91 f., M. 373
26	802 März	Fardulf, Abt v. St. Denis, Stephan, Graf von Paris	2	„	7 Gaue: Paris, Meaux, Melun, Provins, Etampes, Chartres, Poissy	„	Cap. miss. spec. p. 100, M. 374, Simson 2,272
27	802 März	Magenard, Erzbisch. von Rouen, Graf Madelgaud	2	„	9 Gaue: Le Mans, Exmes, Lieuvin, Bayeux, Coutances, Avranches, Evreux, Madrie und der links von der Seine liegende Gau von Rouen	„	„

Nr.	Jahr	Name und Stand	Zahl	Art	Ort	Zweck	Quelle
28	802 März	Magnus, Erzbisch. v. Sens, Graf Gottfrid	2	disc.	Von Orléans bis zur Seine über Troyes, Langres, Besançon, Autun, zur Loire nach Orléans	ad iustitias faciendas	ibid., M. 375
29	802 11/6	Arn, Graf Audulf, Adalwin, Bisch. v. Regensburg, Deotker, Abt v. Herrieden, Graf Werner	5	„	Regensburg	Güterstreit	Meichelbeck 1ᵇ,90 Nr. 118, Sohm 1,488. Ueber Audulf s. Simson 2, 325. Ueber Deotker s. Hundt in Abhandl. der Münchener Akad. 13,71
30	802 31/7	Arn, Adalwin	2	„	Freising	Inquisition Güterstreit	ib.87 Nr. 115
31	802 4/8	Arn, Adalwin	2	,.	„	„	ib.88 Nr.116, 89 Nr. 117, Brunner 73
32	802	Widbodus	1	„	Lucca	Revestitur	Mem.di Lucca 4,5 Nr. 3
33	801-- 802	Wido, Markgraf der Bretagne	1	„	Tours	ad iustitias faciendas	Alcuini ep. 184, Jaffé, Bibl. 6,647
34	803	missi	?	„	Reich	„	Cap. miss. p.115,M.388
35	vor 804	Wulfar, späterer Erzb. von Reims („ante episcopatum")	1	„	Champagne bis Soissons und Laon	„ad recta iudicia determinanda"	Flodoard, Hist. Rem. 2,18 SS. 13, 465, Simson 2,272 n. 1, Waitz 3², 461 n. 2, M. 372ᶜ
36	804	Wulfar „iam quoque vocatus episcopus"	1	„	,,	„ad iniuncta sibi definienda iudicia"	„

Nr.	Jahr	Name und Stand	Zahl	Art	Ort	Zweck	Quelle
37	804	Presbyter Izzo. Kadoloh, Markgr. von Friaul, Graf Ajo aus Friaul	3	disc.	Istrien, in territorio Caprense loco qui dicitur Riziano	Landtag, Entgegennahme von Beschwerden	Carli 4 app. 5 f., Waitz l. c. 488, Simson 2,338
38	800 804 17/2	Arn, Waldrich, Bisch. von Passau, Deotker, Abt von Herrieden[1])	3 (4?)	„	Inzing, Geg. von Passau	Ueberweisung von Hörigen	Mon. Boic. 28[b],9 Nr. 9[2])
39	805 Dezember	missi	?	„	Reich	ad iustitias faciendas	Capp. miss. p. 121 f., M. 405, 406
40	805	Hredi	1	„	InSachsen bis Bardowick	Beaufsichtigung der slavischen Kaufleute	ib. 123 c. 7, M. 406, Simson 2,332
41	805	Madalgaud	1	„	Scheessel	„	„
42	805	Aito	1	„	Magdeburg	„	„
43	805	Madalgaud	1	„	Erfurt bis Hallstadt	„	„
44	805	Audulf	1	„	Forchheim, Bremburg, Regensburg	„	„
45	805	Werner	1	„	Lorch	„	„
46	vor 806	Graf Rimigarius	1	„	Walmersdorf	Evindikation für d. Fiskus	Beyer 1,50 Nr.44,M.408
47	806 märz	missi	?	„	Reich	ad iustitias faciendas	Cap. miss. p. 131 f., M. 410
48	806 15/12	Arn, Adalwin, Bisch. v. Regensburg, Graf Audulf, Graf Werner, Graf Gottfrid[3])	5 (2?)	„	Otingen am Inn	„ad mandatum d. imperatoris audiendum" Güterstreit	Meichelbeck 1[b],93Nr.122, Sohm 1,488

[1]) Ob Kysclhard index als missus fungiert, ist nicht ersichtlich. [2]) Die Gerichtsverhandlungen, welche Zeissberg 340 als missatische anführt, sind nicht als solche anzuführen: Arn wird nirgends als missus genannt, was sonst, wenn er als solcher thätig ist, stets der Fall ist. [3]) Wie es scheint, sind nur Arn und Audulf missi: „ipsi missi Arn et Otulfus diiudicaverunt."

Nr.	Jahr	Name und Stand	Zahl	Art	Ort	Zweck	Quelle
49	807 22/5	Ardemannus, Gaidualdus	2	disc.	Rieti	Güterstreit	Balzani 2, 151 Nr. 184
50	807	Wulfar, Erzb. von Reims	1	„	Raethien	ad iustitias faciendas	Ratpert, Casus s. Galli 5, SS. 2,64
51	808	missi	?	„	Reich	„	Capp. miss. p.140,M.427
52	809	missi	?	„	„	„	Capp. miss. p. 150 f., M. 435
53	810	missi	?	„	„	„	Capp. miss. p. 153 f., M. 441, 442
54	810	missi, unter ihnen Adalhard, Abt von Corbie	?	„	Italien	„ad procurandam Italiam"	Cod. Long. 164, M.440c, Simson 2,486
55	799 — 811	Graf Audulf	1	„	Waldkerzhofen	Inquisition	Meichelbeck 1^b,138 Nr. 239
56	799 — 811	Graf Audulf	1	„	Freising	Verweisung eines Güterstreites an das Grafengericht	ib. 148 Nr. 269
57	812	Johannes, Erzb. v. Arles	1	„	?	? s. Anh. II	Praeceptum pro Hispanis p.169,M.456
58	812 März	Abt Adalhard	1	„	Pistoja	Bestätigung eines Privilegs	Muratori Ant. 5,953, Simson 2, 486. Simson, Ludwig 1,7
59	vor 813	missi	?	„	silva Bocchonia bei Fulda	Evindikation für d. Fiskus	Wilmans 1,7, M. 464.
60	813?	missi	?	„	Reich	ad iustitias faciendas	Capp. miss. p. 181 f.
61	813	Adalhard „unus ex ipsis"	1	„	Nomantula	Tausch	Cod. Long. 164 Nr. 88
62	813 4/6	Adalhard	1	„	Lucca	Ueberweisung einer Klage an den Ortsgrafen	Mem. di Lucca 5^b,231 Nr. 385

Nr.	Jahr	Name und Stand	Zahl	Art	Ort	Zweck	Quelle
63	801 813	Adalhard, Fulrad, Abt von St. Denis, Graf Unroch, Graf Hroculf	4	disc.	?	Erlass an die Grafen	Cap. ad comites directa p. 183
64	814 Febr.	Adalhard	1	„	Spoleto	Güterstreit	Balzani 2, 168 Nr. 207
65	814	ille et ille	2	„	?	ad iustitias faciendas	Form. imp. Nr. 14 p. 296
66	814 25/8	Engilpoto	1	„	Freising	Als Zeuge bei einer Tradition	Meichelbeck 1^b,162 Nr. 305
67	816 14/12	Nifridius, Bischof von Gerona, Christianus item episcopus (in Spanien nicht nachweisbar)	2	„	? wohl im Gau von Gerona	Inquisition	Baluzius, Capitularia 2, 1416
68	817	Hetti, Erzb. von Trier	1	„	Gebiet von Toul	Bekanntmachung des Heeresaufgebotes	Frotharii ep. 25, Bouquet 6,395
69	814 - 818 1/2	Graf Octoricus „una cum tres missos Leydradi ... necnon Ariberno, Amalbert, Malberto missis dominicis"	1 oder 4	„	Tournus	Güterstreit	Champollion-Figeac4,413, Waitz 3^2,478 n. 1
70	818	missi	?	„	Reich	ad iustitias faciendas	Capp. leg. add. p. 281 Ueberschrift, M. 632, Vita Hlud. c. 32 SS. 2,624
71	819	missi	?	„	„	„	Cap. miss. p. 289, M. 634.

Nr.	Jahr	Name und Stand	Zahl	Art	Ort	Zweck	Quelle
72	819 24/7 oder 24/8	Graf Ercangarius Erlegald „missus noster"	2	disc.	Sturmigau im Bistum Verden	Inquisition	Wilmans 1, 10.
73	819 Oct.— 30/11	Frothar, Bischof von Toul	1	„	Von den Penninischen Alpen bis Aachen	„ad providendas mansiones"	Frotharii ep. 18, Bouquet 6, 393
74	819	Erzbischof Hetti	1	„	Toul	ad iust. fac. „pro legatione"	ib.
75*	810— 920	Erchangarius, Gr. des Breisgaus und Liutharius	2	„	Stamheim K. Zürich	Inquisition	Wartmann 2,394 Nr. 17
76	820 31/3	Rothad, Bischof von Verona	1	„	Verona und Pociolo	Güterstreit	Cod. Long. 177 Nr. 95
77	820 27/4	Adalhoh Bischof von Strassburg, Graf Hartmann	2	„ s. auch Anh. II	Piacenza	„ad iusticias faciendas in Italiam misimus"	Ughelli 2, 201, Simson, Ludw. 1,183, M. 692
78	820 28/4	Hetto, Bischof von Basel, Ansegis, Abt von Fontanelle und Graf Gerald (vielleicht von Paris)	4	„ s. auch Anh. II	„ducatus Spoletanus"	„quos propter ... iustitias faciendas in duc. Spol. direximus"	Balzani 2, 204, Simson l. c. n. 6, M. 696
79	820?	missi	?	„	Reich	ad iustitias faciendas	Capp. de iust. fac. p. 295, M. 659
80	821	missi	?	„	Reich	„	Cap. miss. p. 300, M. 717
81	821 Aug.	Aledrannus, Gr. v. Troyes, Adelard u. Leo vassi	3	„ „a finibusSpoletanis directi"	Nursia	Güterstreit	Balzani 2, 207 Nr. 251, Simson 1, 183, n. 7, Ficker 1, 20

Nr.	Jahr	Name und Stand	Zahl	Art	Ort	Zweck	Quelle
82	822 31/8	Hatto, Graf in Baiern	1	disc.	Gegend von Freising	Güterstreit	Meichelbeck 1ʰ p. 247 Nr 470, Simson 1,241, Dümmler 1, 128 n. 3
83	823 15/4	Hatto und Kiselhard	2	„	Pheringa	Güterstreit	ib. 248 Nr. 472
84	823	Pfalzgraf Adalhard mit Mauring, Gr. von Brescia	2	„	Italien	„inchoatas iustitias perficere curaret"	Ann. Einh. SS. 1,210, Tiraboschi Nonantula 2, 41 f., Ficker 1,312, Simson 1,200
85*	823 31/7	Ratald, presbyter	1	„	Italien?	Zeuge bei einer Tradition	Cod. Long. 186 Nr. 102
86	824 Dez.	Wido, späterer Herzog v. Spoleto	1	„	Reggio	Prozess wegen Fischerei	Tiraboschi, Nonantula 2, 41
87	825	Bischof Heiminus, Graf Monogold	2	ständig	Erzbistum Besançon	ad iustitias faciendas	Commem. missis data p. 308 c. 1, Simson 1, 246 f., M.775
88	825	Heistulf,Erzbischof von Mainz, Graf Robert	2	„	Erzbistum Mainz	„	„
89	825	Hetti, Erzbisch. von Trier, Graf Adalbert	2	„	Erzbistum Trier	„	„
90	825	Hadabold, Erzbisch. von Köln, Graf Emund	2	„	Erzbistum Köln	„	„
91	825	Ebo, Erzb. von Reims, bezw.Rothad, Bisch. von Soissons, GrafRothfrid	2	„	Grafschaften von Reims, Châlons,Soissons, Senlis, Beauvais, Laon	„	„

[267]   75

Nr.	Jahr	Name und Stand	Zahl	Art	Ort	Zweck	Quelle
92	825	Ragnar, Bisch. von Noyon, Graf Berengar	2	ständig	Bistümer v. Noyon, Amiens, Thérouanne, Cambray	ad iustitias faciendas	Commem. missis data p. 308 c. 1, Simson 1, 246 f., M. 775
93	825	Jeremias, Erzb. v. Sens, Graf Donat	2	„	Erzbistum Sens	„	„
94	825	Willibert, Erzbisch. v. Rouen, Graf Ingobert	2	„	Erzbistum Rouen	„	„
95	825	Landramnus, Erzbisch. von Tours, Graf Robert	2	„	Erzbistum Tours	„	„ über Gr. Rob. s. v. Kalckstein 17
96	825	Alberich, Bisch. v. Langres u. Graf Richard	2	„	Erzbistum Sens, Bistümer Tarantaise und Vienne	„	„
97	825 oder nachher	Hetti v. Trier u. Graf Adalbert	2	„	Remiremont	Inquisition	Form. imp. Nr. 9 p. 293
98	825 oder nachh.	Ebbo von Reims und Graf Rothfrid	2	„	?	„	ib. Nr. 45 p. 321 s. Anh. II. Nr. 84
99	826	Boso „comes missus no ster"	1	disc.	Gegend von Grado	„	Ughelli 5, 1104, M. 812, Simson 1, 282
100	826	missi	?	ständig	Reich	ad iustitias faciendas	Legationis cap. p. 309, M. 801
101	827	Boso „comes uel missus"	1	disc.	Turin	Prozess um Freiheit	Mon. Patr. Ch. I. 34 Nr. 19, Hegel 2, 40 f.
102	828 (1/1)	Graf Anzo	1	„	Emmering bei Freising	Güterstreit	Meichelbeck 1ᵇ, 278 Nr. 530

Nr.	Jahr	Name und Stand	Zahl	Art	Ort	Zweck	Quelle
103	829 init.	Autgar	1	disc. oder ständig	?	?	Capp. ab episc. tractandaNr.186 c. 3, M. 827
104	829 init.	Alberich, vielleicht Bischof v. Langres, s. o. Nr. 96	1	disc.	?	?	ib. c. 4
105	829 init.	missi	?	„	Reich	ad iustitias faciendas	Capp. de miss. instr. Nr. 187, M. 830
106	829 init.	missi	?	„	VielleichtGegend von Orléans	„	Capp. miss. Nr. 188, M. 831
107	829 Jan.	Bischof Joseph, Graf Leo	2	„	Rom („a finibus spoletanis seu romania directi")	Güterstreit	Balzani 2, 221 Nr. 270, Ficker 1,20, Simson 1, 227
108	829	Gertycus, Fredericus, Eurardus	3	disc. oder ständig	Lyon	?	Agobardi, De insolentia Judaeorum, Opp. 60 f.
109	830	Helisachar, Abt von St. Aubin in Angers	1	disc.	Brettonische Mark	„iusticias facturum"	Vita Hlud. c. 45 SS. 2, 633, Simson 1,359
110	832	missi	?	„	Italien	ad iustitias faciendas	Cap. miss. Nr. 202. M. 997
111	832?	H.	1	„	?	?	Einhardi ep. 32, Jaffé, Biblioth. 4, 463
112	832?	A.	1	„	Gegend von Seeligenstadt	Eintreiben der Heerbannbusse	ib. ep. 18 p. 455

Nr.	Jahr	Name und Stand	Zahl	Art.	Ort.	Zweck	Quelle
113*	818—832	Gerold, Graf von der Ostmark, „comes atque missus dominicus"	1	disc. oder ständig	Umgegend von Passau	Zeuge bei Rückgabe von Gütern	Mon. Boic. 28^b,19Nr.20, über Gerold s. Dümmler 1^2,35
114	831—833	Baderad, Bischof v. Paderborn	1	ständig	Kloster Corvey	Verlesung des kaiserl. Privilegs vor den Grafen	Wilmans 1,28, M.893, Waitz 3^2,461 n. 1
115	834	Agnarius	1	disc.	Gau von Poitiers	Güterstreit	Besly préf.23
116	834 Nov.	missi	?	„	Reich	ad iustitias faciendas, hauptsächl. Bekämpfung des Räuberunwesens	Vita Hlud. c. 53 SS. 2, 639,M.902g. Simson 2, 123
117	818—834	Jonas, Bisch. von Orléans, Donat, Graf von Melun	2	wahrscheinlich ständig	Orléans	Streit um Hörige	Adrevaldi, miracula s. Bened. I,25 SS. 15,489, über Donat s. Simson 1, 246 n. 4
118	834—835	Abt Helisachar	1	disc. s. Anh. II.	Le Mans („quando illas in partes ... directus fuerit")	ad iustitias faciendas	GestaAldrici, Baluze Misc. 3,165,M.908
119	835	Helisachar, Graf Wido	2	„ s. A. II	„	„	ib. 166. M. 911
120	836 17/12	Fulcho „advocatus (sic!) archiepiscopus, qui est missus d. Ludowico", vielleicht identisch mit dem gleichnamigen Chorbisch. v. Reims 835—843	1	„	territorium Narbonense	Güterstreit	Vaissete 2^b, 194 Nr. 90

Nr.	Jahr	Name und Stand	Zahl	Art	Ort	Zweck	Quelle
121	837	Antermarus	1	disc.	Einhofen bei Freising	Güterstreit	Meichelbeck 1ᵇ,309
122*	814 840	Nordpert, Bisch. von Reggio, Graf Folroh (den in früherer Verhandlung erwähnten Helmiricus episc. et missus weiss ich nicht unterzubringen)	2	„	in fine Clusina	Zeugenaussage	Wartmann 2, 393
123	814 840	II.	1	„	?	?	Einhardi ep. 33, Jaffé, Bibl. 4,464
124	814 840	N. comes, N. index	2	„	Gegend von Seeligenstadt	„in heribannis quam in aliis causis"	ib. ep. 57 p. 479
125	814 840	missusvester	1	„	Mainz	ad iustitias faciendas	Ep. Mogunt. 7, Jaffé, Bibl. 3,325
126	814 840	II.	1	„	Heilbronn	Abhaltung von Landtagen	Einhardi ep. 26, Jaffé 4,461
127	814— 840	Graf Sicard, Graf Teutard	2	„	In den penninischen Alpen beim Kloster Mont-Joux	Inquisition	Form. imp. 50 p. 324
128	826 841	Wolmod	1	ständig	Gau v. Verdun	Anzeige säumiger Beamter	M. 1047
128a	817 840	viri illustres	?	disc. oder ständig	? Baiern	Streit um Knechte	Form. S. Emmer. 3 p. 463

Frankreich.

Nr.	Jahr	Name und Stand	Zahl	Art	Ort	Zweck	Quelle
129	844 Dez.	missi	?	disc.	Reich	ad iustitias faciendas	Kar. II conc. in Verno P. 384 c.2.3, Hefele 4², 111, v. Kalckstein 125 f., Schrörs 42
130	844? oder vorher	Heribold, Bischof von Auxerre	1	„	?	Klosterinspektion	Lupi ep. 63 Opp. 105
131	844	Lupus, Abt v. Ferrières	1	„	Burgund	„	ib. ep. 32 p. 66
132	845 März	Lupus und Prudentius, Bisch. von Troyes	2	„	Gaue von Orléans, Sens, Troyes, Ferrières (pag. Wastinensis)	„	ib. ep. 63
133	846	missi ex utroque ordine	?	„	Reich	„dirigantur, qui omnia imbrevient"	Conv. in villa Sparnaco P. 389 c. 11, 20
134	847 Febr.	missi	?	ständige „ut missi constituantur"	„in singulis partibus regni"	ad iustitias faciendas	Conv. ap. Marsnam Nr. 204 c. 7, M. 1097, Wenck 159, v. Kalckstein 127, Dümmler 1², 300
135	853 April	missi	?	disc.	Reich	„qui singulorum locorum statum ... perscrutarentur	Syn. Suess. P. 417 c. 6, cap. miss. P. 418, v. Kalckstein 128
136	853 Nov.	missi	?	„	Reich	ad iustitias faciendas	Conv. ap. Valent. Nr. 206 c. 7, M. 1128, Dümmler 1², 382

Nr.	Jahr	Name und Stand	Zahl	Art	Ort	Zweck	Quelle
137	853	Hincmar, Erzbisch. v. Reims, Richwin, Engiscalc	3	ständig	ad institias faciendas	10 Gaue: Mittelpunkt Reims, östl. bis Attigny, Clermont, Bar le Duc, südl.Châlons, westl. bis Soissons excl.	Conv. Silvae P. 426 c. 1, Wenck 242, v. Noorden 133 f., v. Kalckstein 128 f., Schrörs 74
138	853	Pardulus, Bischof von Laon, Altmar, Theodacrus	3	,,	,,	4 Gaue: Mittelpkt. Laon, östl. Rethel, südl. Soissons, pag. Urcisus	P. 426 c. 2
139	853	Imino, Bisch. von Noyon, Adalhard, Abt von St. Omer, Waldcaudus, Odelricus	4	,,	,,	7 Gaue: Mittelpunkt Noyon,nördl. Vermandois, Artois, Courtray, Flandern, die Komitate desGr. Ingelram v. Flandern u. des Gr. Waltcaudus	ib. c. 3, über Graf Ingelram Dümmler 2, 112 n.3
140	853	Folcwin, Bischof v. Thérouanne, Graf Adalgar, Graf Ingiscalc, Gr. Berengar	4	,,	,,	dieGrafschaften des Berengar, Ingiscalc, Gorard und Reginar	ib. c. 4, über Berengar v. Kalckstein 45 n. 1
141	853	Ludwig, Abt von St. Denis, Irminfrid, Bisch. von Beauvais, Ingilwinus, Gozselmus	4	,,	,,	6 Gaue: Paris, Meaux, Senlis, pag. Vircasinus nordwestl. v. Paris, Beauvais, pag. Vindoilisus nördl. von Beauvais	ib. c. 5

Nr.	Jahr	Name und Stand	Zahl	Art	Ort	Zweck	Quelle
142	853	Paulus, Bischof von Rouen, Hilmerad, Bisch. von Amiens, Herloinus, Hungarius	4	ständig	5 Gaue: Rouen, Tellaus, Vitnaus (nördl. von Rouen), Ponthieu, Amiens	ad iustitias faciendas	P. 426 c. 6.
143	853	Eirardus, Bischof von Liseux, Abt Theodorich, Herloinus, Graf Hardoinus	4	„	8 Gaue: Avranches, Coutances, Bayeux, Lisieux und die Grafschaft Hardoins	„	ib. c. 7, über Graf H. v. Kalckstein 144, Dümmler 2^2,39
144	853	Dodo, Bischof von Angers, Robert, Graf von Anjou, Osbert	3	„	5 Gaue: Maine, Anjou, Touraine, Carbonisus, Séez	„	ib. c. 8; über Graf R. v. Kalckstein 19, Dümmler 1^2,450
145	853	Burcard, Bischof von Chartres, Rudolf, Abt Heinrich	3	„	11 Gaue: Blois, Orléans, Vendômois, Chartres, Dreux, Châteaudun, Evreux, Etampes, Arpajon, Poissy, pays de Madrie	„	ib. c. 9; über Rudolf vgl. v. Kalckstein Forsch. 14, 41
146	853	Wenilo, Erzbisch. v. Sens, Odo, Graf v. Troyes, Donat, Graf v. Melun	3	„	11 Gaue: Sens, Troyes, Gastinois, Melun, Morvisus (nördl. von Autun), Provins, Arcis, Brienne	„	ib. c. 10; über Odo v. Kalckstein 56 u. 5, Forsch. 14, 44; über Donat v. Kalckstein 57

Nr.	Jahr	Name und Stand	Zahl	Art	Ort	Zweck	Quelle
147	853	Teutbold, Bischof von Langres, Jonas, Bischof v. Autun, Gr. Isembard, Abt Abbo, Daddo	5	ständig	9 Gaue: Autun, Mâcon, Dijon, Châlons s. Saône, Hattoarii (nördl. v. Dijon), Tonnerre (die Grafschaft on Milos u. Isembards), Beaune, Duismensis (östl. v. Tonnerre, die Grafschaft des Attela) u. die Grafschaft des Romold	ad iustitias faciendas	P. 426 c. 11
148	853	Hugo, Abt v. St. Germain in Auxerre, Gozso, Nivilung	3	„	Nevers, Alciodrisus, Avallon	„	ib. c. 12; über Hugo v. Kalckstein in Forsch. 14,39 f.
149	854 Juni	missi	?	„	„per regnum"	„	Conv. Attiniac. P. 428, Wenck 250, Schrörs 75
150	857	Hunfrid, Bischof von Thérouanne, die Grafen Ingiscale und Berengar	3	„	s. o. Nr. 140	Beseitigung und Züchtigung der Räuber	Conv. Cariniac. P. 451 Anrede n. c. cod. 3; zum Reichstag vgl. Wenck 286,418; Schrörs 77, Dümmler 1²,421
151	857 14,2	Jonas, Bisch. v. Autun, Gr. Isembard	2	„	s. o. Nr. 147	„	ib. cod. 4
152	857 14/2	Lupus, Abt v. Ferrières	1	disc. oder ständig	?	Admonitio an das Volk	Lupi ep. 100, Opp. 149; Dümmler 1², 418 n. 2

[275]   83

Nr.	Jahr	Name und Stand	Zahl	Art	Ort	Zweck	Quelle
153	860 Juni	missi	?	ständige u. discurrentes	Reich	ad iustitias faciendas	Kar. II. capitula P. 473 Literatur s. o. S. 239
154	861	missi	?	disc.		zur Durchführung des Münzgesetzes	Ed. Carisiac. P. 476, Schrörs 235, Dümmler 1²,29
155	864	missi	?	„	„	ad iustitias faciendas	Ed. Pistense P. 498 c. 35, v. Noorden 125, Schrörs 236, Dümmler 2²,105 ff.
156	865 Febr.	Gauslenus, Fulco, Waltarius, Lantwinus	4	„	Burgund	„	Capp. missis data P. 501, v. Kalckstein 98, Dümmler 2²,116 f.
157	866 Dez.	Isaac, Bisch. v. Langres, Gr. Odo (nach Urk. p. 148 waren als missi noch anwesend: Abt Hisdebald u. Bertram)	2 zuletzt 4	ständig	in Luco villa in der Diöcese von Langres	Güterstreit	Pérard 147; über O., Grafen v. Mâcon und Troyes v. Kalckstein 162 und Forsch.14,64
158	867 Febr. nach 40 Nächten	Bischof Isaac und Gr. Odo	2	„	in Curagone im Gebiet v. Langres	dieselbe Sache	ib. 148
159	867 Febr.	Ansbert und Graf Hildebrand	2	disc.	in Botedino villa im Gau von Autun	Streit um einen Hörigen	ib. 34
160	869	Bisch. Isaac, Graf Odo u. Bertram	3	ständig	„in villa quae dicitur Curtanonus"		s. Nr. 157	ib. 149
161	870	Graf Harduin und sein Bruder Graf Hadebold	2	„	„qui missi erant regis in hoc regno"	Bestrafung von Räubern	Flodoard, Hist. Rem. III,26, SS.13, 514, Schrörs 559 Nr. 552

6*

Nr.	Jahr	Name und Stand	Zahl	Art	Ort	Zweck	Quelle
162	866	Leudo, Bisch. von Autun, Graf Adelard	2	disc.	„veneruut in comitatu Augustidu-nense"	Inquisition	Pérard 33 Nr. 12
163	870	Bernardus comes marchio et missus, Markgraf von Gothien	1	ständig	Narbonne	Güterstreit	Vaissete 2ᵇ, 355, Dümmler 2²,359 f.
164	873	Salomon missus, vielleicht Markgraf von Septimanien	1	„	Gegend von Narbonne	?	ib. 370 Nr. 183
165	876 Juni	episcopi		?	„singuli in suo episcopio"	„missatici... potestate et auctoritate fungantur"	Kar. II. Cap. Pap. Nr. 221 c. 12 in Verbindung m. Syn. Pontig. P. 533
166	853 877	Hincmar, Erzbisch. von Reims	1		Erzdiöcese von Reims	ad iustitias faciendas	s. oben S. 248

Italien.

Nr.	Jahr	Name und Stand	Zahl	Art.	Ort.	Zweck	Quelle
167	840 Febr.	Roding, Bischof von Lucca, Pfalzgraf Maurin	2	ständig	Lucca	Güterstreit	Mem. di Lucca5ᵇ,337. Ficker 1,313, 319
167a	840 Febr.	missi		?	„ s.o.Nr.188	Ober-Italien	ad iustitias faciendas	Pact. Hloth. Nr. 233 c. 27
168	844	Angilbert, Erzbisch. v. Mailand, Gr. Leodinus	2	„	Mailand	Güterstreit	Cod. Long. 165 Nr. 154; von Ficker 2,13 falsch aufgefasst
169	847 Febr.	missi	2	„ „ut missi constituantur"	„in singulis partibus regni"	ad iustitias faciendas	Conv. ap. Marsnam Nr. 204 c. 7, M. 1097

Nr.	Jahr	Name und Stand	Zahl	Art	Ort	Zweck	Quelle
170	853 April	Johannes, Bisch. v. Pisa, Adalbert marchio, Gausbert vassus	3	disc.	Lucca	Inquisition	Mem.diLucca 5^h,418 Nr. 698, Ficker 2,122
171	857	Johannes u. Heribrandus vassi imperiales	2	„	„partibus Tusciae missi" Lucca	„iustitiam faciendam" Güterstreit	ib. 446 Nr. 742 M. 1180^a
172	858	dieselben	2	„	Pisa	„	Muratori, Ant. 3,1033, Ficker2,123, 127
173	859 Febr.	Hucbertus	1	„	Piacenza	Prozess um ein Xenodochium	Campi 1,459 Nr. 10
174	859 17/5	Angilbert, Erzb. v. Mailand „pontifex et missus"	1	ständig	Mailand	Güterstreit, nachdem er zweimal vor dem vicedominus verhandelt war	Cod. Long. 341 Nr. 207 Ficker 2,13
175	824 861	Erzb. Angilbert u. Ursinianus	2	„	Como	s. u. Nr. 179	Cod. Long. 395, M. 1196^a
176*	864 28/11	Walpert, Bischof v. Modena et missus	1	wahrscheinlich ständig doch s. Anh. II	Guastalla (gehört nicht zu Modena)	Einweisung „ex iussionem imperatoris"	Cod. Long. 387 Nr. 232, Ficker 2,13
177	865 4/2	missi	?	disc.	Reich	ad institias faciendas	Cap. miss. Nr. 217, M. 1196
178	865	Aistulfus „archidiaconus capelle palatii", Everardus„vassus et senescalcus"	2	„	„per singulas comitatorus dum venissemus in civitate Como"	„ad institias faciendas"	Cod. Long. 395, M. 1196^a
179	865	Everardus	1	„	Como	Güterstreit	

Nr.	Jahr	Name und Stand	Zahl	Art	Ort	Zweck	Quelle
180	865	Petrus, Bischof von Arezzo, Erzkanzler Johannes, Gr. Winigis	3	disc.	„partibus Tuscie directi"	„singulorum hominum iustitias faciendas"	Mem. di Lucca 4, app. 64. M. 1196ᵃ, Hegel 2,44 n., Ficker 1, 313
181	865	Johannes u. Winigis	2		Lucca	Güterstreit u. Inquisition	
182	865	Bisch. Petrus von Arezzo	1	„	„	„	ib. 5ᵇ,466 Nr. 774, M. 1196a
183	874 28/12	Ansbert, Erzbisch. v. Mailand, Graf Boso	2	ständig	Mailand	Güterstreit	Cod. Long. 435 Nr. 258, Ficker 2,13, Dümmler 2², 403 n. 2
184	876 Febr.	episcopi	?	„	„singuli in suo episcopio"	„missatici... potestate et auctoritate fungantur"	Kar. II. Cap. Pap. Nr. 221 c. 12, Ficker 2,12, Ranke 6,218,Dümmler 2²,402
185*	877	Abt Hugo missus imperialis, Richardus comes et missus imp.	2	zweifelhaft ob ständig s.Anh.II	Piacenza	Als Zeugen imTestament der Kaiserin Angilberga	Campi 1,463 Nr. 13
185a	880 Jan.	missi	?	ständig s.u.Nr.188	Ober-Italien	ad iustitias faciendas	Pact. Kar. III Nr. 236 c. 27
186	880 17 5	Johannes, Bischof von Pavia, Graf Adelbert, Alberich, Graf v. Mailand	3	disc. „ut irent de loco in loco"	„in regnum Italicum constituisset" Como	Güterstreit	Cod. Long. 502 Nr. 296, Ficker 2,118
187	880 28 12	Adelhard, Bisch. v. Verona et missus	1	ständig	Verona	„	Muratori, Ant. 1,435, Ficker 2,13
188	888 Mai	missi	?	ständig „omni tempore parati sint"	Ober-Italien	„iustitias facere, .. ut unusquisque ex utraque parte recipiat iustitiam"	Pactum Berengarii Nr. 238 c. 26

Nr.	Jahr	Name und Stand	Zahl	Art	Ort	Zweck	Quelle
189*	881 Mai	Ragifred, index et missus	1	ständig? s. Anh. II	Umgegend v. Mailand	Tausch	Ficker 4,21 Nr. 17
190	891 1/6	Ardengus	1	disc.	Cremona	Güterstreit u. Inquisition	Cod. Long. 580 Nr. 349
191	892 Juni	Sigfred, Graf von Piacenza, Bernhard, Bisch. v. Piacenza, Bernhard	3	ständig	Piacenza	Güterstreit	Campi 1,234
192	897 4/3	Pfalzgraf Amedeus	1	disc.	„directus … in finibus Tuscie" Florenz	Güterstreit	Mem.di Lucca 4, app. 70 Nr.55, Hegel 2,44 n. 1, Ficker 1,30 313, 319
193	898 Juli	Sigefred, Gr. von Piacenza, Everard, Bischof von Piacenza, Ildegarius, Bisch. von Lodi	3	ständig	Piacenza	„facendo à tutti giustitia"	Campi 1,238
194	899 4/3	Johannes, Bisch. von Pavia	1	„	Pavia	Streit um Weinland	Cod. Long. 634, Ficker 2,14
195	901 März	Johannes, Bisch. von Pavia, (Grimoald vassus et missus	2		„	Streit um ein Kloster	Mon. Patr. Ch. 1,97
196	902	Garibald, Bisch. von Novara	1	disc.	„missus directus fui set in finibus" von Tortona, Asti, Turin, Ivrea, Vercelli	Bestätigung der Echtheit einer Freilassungsurkunde	Tiraboschi. Nonantula 2, 85 Nr. 63, Hegel 2,43 n.
197	905	Andreas, Erzbisch. von Mailand, Regifred index sacri palatii	2	ständig	Mailand	Gericht über Hörige m. Inquisition	Cod. Long. 699, Ficker 2,13

Nr.	Jahr	Name und Stand	Zahl	Art	Ort	Zweck	Quelle
198*	905 Mai	Bertaldus vassus et missus	1	disc. doch s. Anh. II	Parma	Bestätigung einer Schenkungsurkunde K. III.	Affò, Parma 1, 340 inser., Hegel 2,43 n.
199	908	Johannes, Bisch v. Pavia, Adelbert, Bisch. v. Bergamo	2	ständig (wenigstens Joh.)	Pavia	„	Cod. Long. 737 f., dagegen Ficker 1,320
200	910	Odelbert. Bisch. von Lucca	1	disc.	„missus et discurrens per totam Tusciam"	Als Beisitzer im generale placitum des Markgrafen Adalbert zu Pisa	Ughelli 3, 353, Ficker 2,127
201	918	Ambrosius Bisch. von Mantua, Noterus, Bisch. von Verona	2	ständig	Verona	Als Beisitzer im Hofgericht	Tiraboschi, Nonantula 2, 97, Ficker 2,14
202	918 April	Berengar, „comes et missus discurrens" in der Grafsch. Mailand	1	„	Mailand	Güterstreit	Cod. Long. 822, Ficker 2,39
203	919 Nov.	Johannes, Bisch. von Cremona, Giselbertus vassus et missus d. imperatoris	2	disc.	Bergamo	„	ib. 838, Ficker 2,120
204	922 Jan.	Giselbertus „comes et missus comitatus istius Bergomensis"	1	ständig	„	„	ib. 860, Ficker 2,39

Anhang II.

Ueberblick über die Thätigkeit der Königsboten für den Einzelfall.

Nr.	Jahr	Name und Stand	Zahl	Ort	Zweck	Quelle
1	750 751	Guichingus und Chlodio	2	11 Gaue nordöstl. von der Seine	Untersuchung des Thatbestandes, Rückgabe v. Gütern	Tardif 44, M. 58
2	751 752	Odalriheus und Recho	2	Augstgau	Zeugenaussage	Wartmann 2, 394 Nr. 16
3	754	Fulrad, Abt v. St. Denis, Hieronymus, der Bruder Pippins, und andere	?	Rom	Als Beistand für den Papst Stephan II.	VitaSteph. c. 38, Liber pontif. ed. Duchesne 1,451, Ann. Lauriss. ad a. 755 SS. 1,138, Oelsner 204, M. 80
4	756	Abt Fulrad	1	Ravenna und Rom	Empfangnahme der von Aistulf übergebenen 28 Städte	ib. c. 47 p. 454, Oelsner 268, Gregorovius 2², 292
5	757	Immo missus	1	Rom	Anwesend bei der Wahl Pauls I.	Cod. Car. ep. 12, Jaffé Bibl. 4.68, Jaffé Reg. Pont. 1²,2336, Gregorovius 2²,298
6	760	missi apti	?	„	Als Unterstützung für Paul I. gegen Desiderius	Cod. Car. ep. 20 p. 90, ep. 30, 32 p. 112,116, Jaffé Reg. 1², 2345, 2357, 2359, Oelsner 344 f.
7	761	Andreas, Gundericus	2	„		ib. ep. 21 p. 93, Jaffé Reg. 1², 2347, Oelsner 353

Nr.	Jahr	Name und Stand	Zahl	Ort	Zweck	Quelle
8	761 762	Widmar, Abt v. St. Riquier. Abt Gerbert, Hugbald	3	Rom	Als Unterstützung für Paul I. gegen Desiderius	Cod. Car. ep. 34 p.120, Jaffé Reg. 1²,2361, Oelsner 355
9	768	missi	?	Aquitanien	Abhaltung von Landtagen	Pippini cap. Aquit. p.43 c.12, M. 102
10	770	Huebald	1	Rom	„pro certis causis directus", Vertreibung Michaels v. Ravenna	Cod. Car. ep. 88, Jaffé, Bibl. 4, 266, Gregorovius 2²,332 f., Abel-Simson 1²,86
11ᵃ	771	Sindolt oder mehrere	?	Mainz	Zeuge bei einer Tradition	Dronke 22, Nr. 33
12	770- 771	Hitherius, Abt von St. Martin „cum reliquis vestris missis"	?	Rom	Sorge für die Rückgabe der Patrimonien in Benevent	Cod. Car. ep. 48 p.165, Jaffé Reg. 1²,2386, Abel-Simson 1²,86
13	776 8/11	Graf Nidhard, Graf Heimo, Finnold u. Gunthramnus vassali dominici	4	Hamelburg im Saalgau	Investitur	Dronke 38 Nr. 60, M. 201
13a	780?	Vernarius	1	? Gegend von Marseille	Inquisition	Martène Coll. 1,41
14	781	Abt Itherius, Kanzler Magnarius	2	Foronovo	Uebergabe der Patrimonien, Zeugenverhör in dieser Sache	Cod. Car. ep. 70 p.218, Jaffé Reg. 1²,2433, Abel-Simson 1²,406 f.
15	vor 782	„legati fidissimi et veraces ... semel et iterum et tertium"	?	St. Goar	Inquisition u. Entscheidung über einen Güterstreit	Wandalberti miracula S. Goaris, SS. 15,373, M. 244, Abel-Simson 1²,424
16	782	Kämmerer Adalgis, Marschalk Gailo, Pfalzgraf Worad	3	Sachsen	Anführer gegen die Sorben bezw. Sachsen	Ann. Lauriss.SS. 1,162, Ann.Einh. ib. 163, Abel-Simson 1²,428 f.
17	782 66	Richard, Graf Guntramnus	2	Schwanheim	Inquisition	Cod. Lauresh. ed. Mannheim. 1, 322 Nr. 228, M. 252a

Nr.	Jahr	Name und Stand	Zahl	Ort	Zweck	Quelle
18	783	missi	?	Rom	Als Richter über die Ravennaten E. und G.	Cod. Car. ep. 77 p. 233, Jaffé Reg. 1², 2442, Gregorovius 2², 358, Abel-Simson 1², 464
19	786	Seneschalk Audulf	1	Bretagne	Als Anführer gegen die Bretonen	Ann. Lauriss. SS. 1, 168, Abel-Simson 1², 526
20	787	Agilbertus, Resmo, Hilpidius castaldeus	3	Balva im Gebiet von Samnium	Inquisition	Muratori Script. 1ᵇ, 366. M. 282
21	787	Agilbertus, Resmo	2	in villa Trita im Gebiet von Balva	"	ib.
22	787	legati	?	Benevent	Abnahme des Treueides	Einhardi vita Karoli c. 10 ed. Waitz p. 10, Abel-Simson 1², 564
23	787 788	missi	?	Unter-Italien	Uebergabe der beneventanischen Städte an den Papst	Cod. Car. ep. 83, 84, 87 p. 252, 255, 264, Jaffé Reg. 1², 2458, 2460, 2464, Abel-Simson 1², 571, 636
24	788	Grahamannus, Audacrus missi	2	Ostmark	Als Anführer einer fränk. Schaar gegen d. Avaren u. Befehlshaber der Baiern	Ann. Lauriss. SS. 1, 174. Abel-Simson 1², 640
25	788	dieselben	2	"	"	
26	788	Winigis (späterer Markgraf v. Spoleto)	1	Benevent	Als Anführer einer fränkischen Schaar gegen die Griechen	ib., Abel-Simson 1², 633
27	788	Landricus, Abt von Jumièges, Graf Richard	2	St. Wandrille	Aufnahme eines Güterverzeichnisses	Gesta abb. Fontanell. c. 15, SS. 2, 290. Guérard, Polyptique de l'abbé Irminon 1, 30

Nr.	Jahr	Name und Stand	Zahl	Ort	Zweck	Quelle
28	794	Willebert (späterer Erzbisch. v. Rouen), Graf Richard	2	Aquitanien	Restituierung von Krongut	Vita Illud. c. 6, SS. 2,610. Simson 2,89
29	795	Rado, missus regis	1	Eicherhart, Gegend von Lorsch	Errichtung eines Grenzhügels	Chr. Lauresh. SS. 21,347
30	795	Warinus comes	1	Heppenheim	Grenzbestimmung	ib., M. 149
31	796	missi	?	Spanien	Als Anführer gegen die Sarazenen	Ann. Lauresh. SS. 1,57, Simson 2,129
32	796	Angilbert, Abt von St. Riquier	1	Rom	Vereidigung der Römer bei der Wahl Leo's III.	Ann. Einh. SS. 1, 183, Gregorovius 2^2,452, Simson 2,113, M. 320
33	798	missi	?	Sachsen	Als Anführer gegen die Nordalbinger	Ann. Lauresh. SS. 1,37, Simson 2,147
34	799	Hildebald, Erzbisch. v. Köln, Arn, Erzbisch. v. Salzburg, Cunipert, Bernard, Bisch. v. Worms, Hatto, Bisch. v. Freising, Jesse, Bisch. v. Amiens, Flaicus, die Grafen Helmgaud, Rothgar, Germar	10	Rom	Zur Untersuchung über die Aufrührer gegen Leo III.	Vita Leonis c. 20 Lib. pont. 2,6, Ann. Lauresh. SS. 1,37, Gregorovius 2^2,477, Simson 2,186
35	788 800	Atto, Bisch. v. Freising, Diakon Hwasmotus	2	Ardingen	Als Beistand für einen beraubten Presbyter	Meichelbeck 1^b, 119 Nr. 181
36	794 800	Graf Hunrogus	1	Grabfeldgau	Als Intervenient bei einem Tausch	Mon. Boic. 28a, 31, M. 940
37	801	Abt Halabolt	1	Clasicella im Gebiet von Farfa	Revestitur	Balzani 2,138 Nr. 166

Nr.	Jahr	Name und Stand	Zahl	Ort	Zweck	Quelle
38	nach 801 4/3	Anghelbert, wohl der Abt Angilbert von St. Riquier	1	Arezzo	Revestitur	Muratori Ant. 5, 923, M. 363
39	802	Teotbert missus „vir venerabilis"	1	St. Martin in Tours	Ladung vor das Königsgericht u. Vornahme der Inquisition	Alcuini ep. 182. 188, Jaffé Bibl. 6,645, 647 f., M. 385
40	807	Gotcelm, Graf von Roussillon	1	Gau v. Béziers, Arr. Narbonne	Grenzabsteckung u. Einweisung	Vaissete 2b,71, M. 498, Simson, Ludwig d. F. 1,269 n. 1
41	810	Adalhard, Abt von Corbie	1	Nonantula	Güterstreit	Tiraboschi, Nonantula 2,75
42	810	nuntii, vielleicht nur gewöhnliche Boten	?	An den Grenzen v. Friesland	„ad congregandum exercitum"	Ann. Einh. SS. 1,197, Simson, Karl d. G. 2,426
43	810	Odo legatus	1	Hohbuoki an der Elbe	Befehlshaber des Kastells	ib., Simson 2, 391, 420
44	810	Ingobert missus	1	Aquitanien	Als Befehlshaber im Krieg gegen die Sarazenen („qui filii praesentiam praeferret et vice amborum")	Vita Hlud. c. 15, SS. 2,614, Simson 2,448
45	812	Heribert missus patris	1	Aquitanien zu Ludwig	Befehlshaber gegen die Sarazenen	ib. c. 17, SS. 2, 615, Simson 2, 493
46	812	Kanzler Erkanbald	1	„	„imperiaquaedam ferenda filio referendaque"	ib. c. 19, SS. 2, 617, Simson 2, 516 n. 6
47	812	Johannes, Erzbisch. v. Arles s. Anh. I Nr. 57	1	„	Ordnung der Verhältnisse der eingewanderten Spanier	Praeceptum pro Hispanis, M. G., Capitularia 1, 169, M. 456
48	768 814	duo de palatinis	2	St. Gallen	Bestrafung eines unzüchtigen Priesters	Mon. Sangall. 1,25, Jaffé Bibl. 4,656
49	800 814	missus	1	Bourges	Als Schutz für eine Wittwe	Form. Bitur. 14, p. 174

Nr.	Jahr	Name und Stand	Zahl	Ort	Zweck	Quelle
50	801	Herminus	1	Rom	Restituierung von Gütern für Leo III.	Leonis ep.9,Jaffé Bibl.4,331,Jaffé Reg. 1², 2528
51	813	Hildibald, Erzb. v. Köln, Richulf, Erzb. v. Mainz, Arn,Erzb.v.Salzburg, Bernhar, Bisch. v. Worms	4	Mainz	Vorsitzende der Synode mit dem Titel „missi"	Mansi 14,63 Simson 2,503
52	813	Johannes, Erzb. v. Arles, Nifridius, Erzb. v. Narbonne	2	Arles	„	ib. 57, Simson 2,505
52a	814	Leibulf, Gr. v. Narbonne(Bouq. 6,540 Nr. 127)	1	Gau v. Agde u. Narbonne	Anweisung auf Güter	Bouquet 6,457 Nr. 3, M. 503
53	814	missi	?	Von Aachen bis an die östl. Grenzen des Reiches	Sorge für die heimkehrenden griech. Gesandten	Thegan. c. 9 SS. 2,593, Simson, Ludwig 1, 32
54	814 815	Leidrad, Erzbisch. v. Lyon	1	Mâcon	Inquisition	Ragut, Cart. de St. Vincent de Mâcon 316, M. 542
55	815	Johannes, Erzbisch. v. Arles	1	Ravenna und Rom	Als Beistand für den Papst gegen den Patriarchen von Ravenna	Agnelli Lib. de pontif. Ravenn. c. 169, SS. rer. Lang. 387, Simson 1,61
56	815	Baldricus legatus	1	Sachsen	Als Anführer im Krieg gegen die Dänen	Ann. Einh. SS. 1, 202, Vita Hlud. c.25,SS.2, 620, Simson 1,52
57	815	Gerold, Graf von der Ostmark	1	Rom	Berichterstattung über den Aufstand in der Kampagna	ib., Simson 1, 62, Gregorovius 3²,25
58	816	Seneschall Adalbert	1	Prüm	Inquisition	Beyer 1,57, M. 618
59	816	Witharius	1	„	Abgrenzung und Einweisung von Grundstücken	Beyer 1,57, M. 618

Nr.	Jahr	Name und Stand	Zahl	Ort	Zweck	Quelle
60	816	missi	?	?	Als Begleiter des Papstes Stephan V. bei seiner Hin- und Rückreise	Ann. Einh. SS. 1, 203, Thegan. c. 17, SS. 2,594, Simson 1,67, 75
61	816 817	Notho	1	Salzburg	Ueberbringung der Klosterregel	Hlud. ad archiep. ep. M. G. Capitul. 1,339, M. 635
62	816— 817	Adalhelm	1	Bourges	„	ib., M. 636
63	816— 817	Ermenfrid und Haymo	2	Sens	„	ib., M. 637
64	817	Aaron und Adalfrid	2	Fulda	Ordnung der Klosterverhältnisse	Candidi vita Eigilis c. 3, SS. 15, 223, Simson 1, 374
65	817	legatus	1	Oestliche Marken	Auftrag an die Markgrafen	Ann. Einh. SS. 1,204, Simson 1,112
66	817	nuncii s. Anh. I Nr. 68	?	Reich	Ankündigung des Kriegszuges gegen Bernhard	Chr. Moissac. SS. 1,312, Simson 1,116
67	817	Irmino, Abt von St. Germain, Ingobert, Hartmann	3	Tournay	Ausmessung u. Anweisung von Fiskalland	Bouquet 6,509 M. 644
68	818	Donatus vassus (der erste Name ist ausgefallen)	2	Umgegend von Rieti	Grenzausmessung	Balzani 2,194 Nr. 237, M. 650
69	819	„legati, qui exercitui praeerant"	?	Sachsen	Anführer gegen Slawomir	Ann. Einh. SS. 1,205, Simson 1,140
70	819	Donatus fidelis	1	Göllheim im Wormsgau	Inquisition	Mon. Boic. 31a, 44, M. 678
71	810 820	Erchangarius, Graf des Breisgaus, Liutharius s. Anh. I Nr. 75	2	Stamheim K. Zürich	„	Wartmann 2, 394 Nr. 17
72	820 27/4	Adalhoh, Bisch. von Strassburg, Graf Hartmann s. Anh. I Nr. 77	2	Piacenza	„	Ughelli 2,201, M. 692

Nr.	Jahr	Name und Stand	Zahl	Ort	Zweck	Quelle
73	820 28/4	Hetto, Bischof v. Basel, Ansegis, Abt von Fontanelle, Graf Gerard s. Anh. 1 Nr. 78	3	Spoleto	Inquisition	Balzani 2,204, M. 696
74	820	Bernarius, Bischof v. Worms, Graf Ermenfrid	2	Badanachgau	„	Mon. Boic. 28a, 13 Nr. 8, M. 688
75	821	Gerold fidelis vielleicht identisch m. d. Grafen jener Gegend	1	Uznach, Umgegend von St. Gallen	„	Wartmann 1, 250 Nr. 263, M. 711
76	822	Aldricus missus (späterer Abt von Ferrières)	1	St. Amand	„ad ordinem regulae s. Benedicti confirmandum"	Bouquet 6,530 Nr. 108, M. 732, Simson 2,259
77	822	Kaiser Lothar, Graf Matfrid	2	Hornbach	Untersuchung	Böhmer, Cod. dipl. Moenofrancofurt. 2, M. 745
78	823	Graf Matfrid et alii fideles	?	„	Inquisition	
79	823	Nidhart, Frehholf	2	Nähe von Rotenburg	Evindikation einer Kirche für den Fiskus	Meichelbeck 1b, 229 Nr. 434; Brunner 75 n. 2 nennt sie fälschlich Vögte
79a	823	Adalung, Abt von St. Vaast, Hunfrid, Graf von Chur	2	Rom	Untersuchung in Sachen der Ermordung zweier päpstl. Beamten	Ann. Einh. SS. 1, 210, Vita Hlud. c. 37, Thegan. c. 30 SS. 2,597, 627, Gregorovius 3²,48 f., Simson 1,203 f.
80	823	Presbyter Ratald, s. Anh. I Nr. 85	1	Italien	Zeuge bei einer Tradition	Cod. Long. 186 Nr. 102
81	823	Stabilis, Bisch. von Montpellier	1	Kloster Conques in Aquitanien	Tausch	Vaissete 2b,147
82	822 824	Rannulfus	1	Kloster sta. Crux in Poitiers	Klostervogt	Cap. de monast. s. Crucis p. 302 c. 8

Nr.	Jahr	Name und Stand	Zahl	Ort	Zweck	Quelle
83	825	missi	?	Reich	Aufsicht über die Münzverhältnisse	Admonitio p. 306 c. 20, M. 774, Simson 1,244
84	825 oder nachher	Ebbo, Erzbisch. v. Reims, Graf Hruotfrid s. Anh. I Nr. 98	?	?	Inquisition	Form. imp. Nr. 45 p. 321
85	826	Ansegis, Abt v. Fontanelle	1	Spanische Mark	Untersuchung gegen den Grafen Gauzhelm von Roussillon	Gesta abb. Fontanell. c. 17 SS. 2,294, Simson 1,269
86	826	„missi de Palatio"	?	Lyon	Bestrafung Agobards wegen Ungehorsam	Agobardi ep. ad proceres palatii Opp. 1,196, Simson 1,393 f.
87	827	Legatus imperatoris	1	Rom	Prüfung der Wahl Gregors IV.	Ann. Einh. SS. 1,216, Gregorovius 3², 67, Simson 1,286
88	827	Pfalzgraf Jasto, magister parvulorum Wirnitus	2	Stablo und Malmedy	Inquisition	Martène Coll. 2,25, M. 815 Simson 2,243, 261
89	827	Abt-Presbyter Helisachar, Graf Hildebrand, Graf Donat v. Melun	3	Spanische Mark	Beruhigung derselben	Anh. Einh. SS. 1,216, Simson- 1,273
90	827	Hugo, Graf von Tours, Matfrid, Graf v. Orléans	2	„	Anführer der Franken gegen die Sarazenen	Vita Hlud. c. 41 SS. 2,630. Simson 1,274
91	828	Graf Liutharius	1	St. Gallen	Inquisition	Wartmann 1, 289; 2,394 Nr. 17, M. 819
92	828	missi dominici	?	Sprengel von Sens	Prüfung der Wahl des Erzbischofs	Frotharii ep. 15 —17, Bouquet 6,392 f., Waitz 3²,424 n. 2
93	831	Bernold, Bisch. von Strassburg, Gotafrid, Abt v. Gregorienmünster, Graf Rohchari	3	Rhätien und Pfävers	Untersuchung v. Räubereien	Mohr 1,32, M. 864, Grandidier 2ʰ,197, M. 863

7

Nr.	Jahr	Name und Stand	Zahl	Ort.	Zweck	Quelle
94	828 832	fideles missi nostri	?	?	Inquisition	Form. imp. 5 p. 291
95	818 832	Gerold, Graf von der Ostmark s.Anh.1. Nr. 113	1	Umgegend von Passau	Zeuge bei Rückgabe von Gütern	Mon. Boic. 28[b], 20 Nr. 20, Dümmler 1[2],35
96	831	Wido, fidelis noster	1	Le Mans	Inquisition	Gesta Aldrici, Baluze Misc. 3, 22, M. 882, s. auch Gesta Ald. c. 6 SS. 15,313
97	832	legati	?	Reich	Ankündigung des Reichstages	Ann. Bertin. SS. 1,425, Simson 2,17
98	833	Abt Simon und Hildemannus vassus	2	Neuveville, Umgegend von Le Mans	Inquisition	Gesta Aldrici, Baluze Misc. 3, 24, M. 888
99	833 Oct.	Agiprand,Bisch. von Florenz, Petrus, Bisch. v. Volterra	2	Siena	Güterstreit m. Inquisition	Muratori Ant. 5, 923, M. 1004
100	834	legati	?	„in unamquamque partem regni"	Verkündigung der Befreiung des Kaisers u. des Erlasses einer Amnestie	Ann. Bertin. SS. 1,427, Simson 2,99
100a	834 835	Helisachar, Abt v. St. Aubin s.Anh.1. Nr. 118	1	Le Mans	Besitzeinweisung	Gesta Aldrici, Baluze Misc. 3, 165, M. 908
101	835	Abt Helisachar, Graf Wido s. Anh.I Nr. 119	2	„	Inquisition	ib. 166, M. 911
102	835	Pfalzkaplan Ructold, Pfalzgraf Maurinus, Graf Adelgis	3	Cremona	„	Cod. Long. 220 Nr. 123, M.1015
103	835	Jonas, Bischof v. Orléans, Graf Hugo	2	Kloster Fleury	„	Bouquet 6,604, M. 916
104	816 836	Waning, Graf vom Nibelgau, Ruadpertus vassallus regis	2	Schöneburg bei Laupheim (Württemberg)	„	Wartmann 2, 395 Nr. 18

Nr.	Jahr	Name und Stand	Zahl	Ort	Zweck	Quelle
105	837	strenui abbates et comites	?	Friesland	„ad comprimendam Frisionum inoboedientiam"	Prud. Ann. SS. 1,431, Simson 2,169
106	838?	Abt Helisachar, Oliba, Graf v. Carcassonne	2	Gau von Narbonne	Grenzabsteckung	Bouquet 6, 678, B. 2083
107	838?	Graf Dello und sein Sohn Gisclafredus	2	Gau von Carcassone	„	
108	838	Aghanus, Graf v. Lucca, Christianus diaconus	2	Lucca	Inquisition	Mem. di Lucca 5^b,321 Nr. 539
109	838	Graf Bonifatius, Graf Donatus, Adrebald, Abt v. Flavigny	3	Septimanien	Untersuchung der Räubereien	Vita Hlud. c. 59 SS. 2,644, Simson 2,182 f.
110	839	Poppo vassallus	1	Alamannien	Ausmessung u. Abschätzung von Grundstücken	Dronke 231 Nr. 523, M. 956
111	839	missi	?	Baiern	Abnahme des Treueides von den Anhängern Ludwigs des Deutschen	Prud. Ann. SS. 1, 436, Simson 2, 215, Dümmler 1^2,133
112	829-836	Aldrich, Erzb. v.Sens, Alberich, Bisch. v. Langres Motuin, Bisch. v. Autun, Boso, Abt v. Fleury	4	Kloster Flavigny	Theilung der Klostereinkünfte	Bouquet 8,376 Nr. 16, M. 1042, Simson 2,103 n. 6; 259 n. 6
113	814-840	Nordpert, Bisch. v. Reggio, Graf Folroh s.Anh.I. Nr. 122	2	in fine Clusina	Zeugenaussage	Wartmann 2, 393
114	814-840	Sigibert, Friunto Hilteratus, Gerhardus, Liudericus	2 2 1	ministerium Liuderici (Uznach, Lützelau, Bäretswil)	„	ib. 396

Nr.	Jahr	Name und Stand	Zahl	Ort	Zweck	Quelle
114a	840	nuntii	?	tota Francia	Verkündigung der Ankunft Lothars; Abnahme des Treueides	Nidhard II 1, SS. 2,655, Dümmler 1², 139

Frankreich.

Nr.	Jahr	Name und Stand	Zahl	Ort	Zweck	Quelle
115	vor 859	Graf Succardus	1	Grafsch. Portois und Bassigny	Untersuchung ungesetzlicher Tauschverträge	Bouquet 8,411, M. 1259
116	859—860	Gunduinus	1	„	Inquisition	ib.
117	860—862	Frothar, Erzb. v. Bourges, Herard, Bisch. v. Tours, Angenold, Bisch. v. Poitiers	3	Poitiers	Wahl einer Aebtissin	Flodoard Hist. Rem. III, 27 SS. 13,548, Schrörs 529 Nr. 154
118	864	missi	?	Gothien	„ad recipiendas civitates et castella"	Hincm. Ann. SS. 1,462, Dümmler 2²,106
119	864	alii missi	?	Toulouse u. Gothien	„	ib. 465
120	c. 868	Flotharius	1	Poilly in der Diöcese Laon	Ausmessung eines Grundstückes	Hincmari Opp. Migne 126,494, Schrörs 326
121	868	„missi vestri a vobis deputati"	?	?	Güterstreit	ib. Migne 125, 1051, Schrörs 295 f.; 533 Nr. 212
122	868	„missus vester"	1	Reims	„	ib. Migne 126, 97, Schrörs 533 Nr. 215
123	869	Willibert, Bisch. v. Châlons	1	?	Inquisition	Flodoard Hist. III,23 SS. 13, 532, v. Noorden 182, Schrörs 536 Nr. 249

Nr.	Jahr	Name und Stand	Zahl	Ort	Zweck	Quelle
124	869	missi	?	Toul	Inquisition	Bouquet 8,620 Nr. 222, B. 1762
125	vor 871	missi	?	Neuilly, Arr. Château-Thierry	„	Hincmar, De villa Noviliacu, Migne 125, 1121
126	871 24/9	Gautselmus clericus	1	Gau von Reims	Uebergabe einer Villa „ex praecepto regis"	Guérard, Irminon 2, App. 291
127	871	missi	?	Vienne	Uebernahme der Burgen Gerards	Hincm. Ann. SS. 1,491, Dümmler 2², 311
128	871	missi	?	Italien	Besitzergreifung des Landes	Hincm. Ann. SS. 1,492, Dümmler 2², 334 f.
129	871	„missi tam ecclesiastici quam et saeculares"	?	Laon	Vorladung des Bisch. Hincmar v. Laon vor das Gericht	Mansi 16,586 c. 4, Schrörs 341 f.
130	876	missi	?	Neuilly	Restituierung von Gütern	s. o. Nr. 125
131	877	Adalgarius, Bisch. v. Autun	1	Ravenna	„deferens nobis praecepta imperialia"	Charmasse, Cart. d'Autun 50 Nr. 30
132	899	Unoldus, Adalbertus	2	Carcassonne	Grenzabsteckung	Bouquet 9,477, 506, B. 1903, 1929

Italien.

Nr.	Jahr	Name und Stand	Zahl	Ort	Zweck	Quelle
133	841 22/3	Graf Adelghisus	1	Cremona	Inquisition	Cod. Long. 250, 253, M. 1050
134	841	Graf Leo, Graf Johannes	2	Novara	„	Mittheil. d. Inst. f. öst. GF. 2,450, M. 1032
135	841	„	2	Pavia	Als Klostervögte mit dem Inquisitionsrecht	Cod. Long. 248 Nr. 141, M. 1051, Brunner 91

Nr.	Jahr	Name und Stand	Zahl	Ort	Zweck	Quelle
136	846	Ebrardus, Wito, Liutfridus, Adalgisus	4	Unter-Italien	Als Anführer der prima scara im Krieg gegen die Sarazenen	Capitulare Lothars I, 846, Nr. 203, M. 1094
137	846	Wito, Adalbertus	2	„	Anführer der secunda scara	ib.
138	846	Gerardus, Fulcradus, Ermenoldus	3	„	Anführer der Francisca scara	ib.
139	845 26/2	Garibaldus, palatinus iudex	1	Trient	Vornahme der Inquisition, Entscheidung über Klosterleute	Muratori Ant. 2,972, M.1143 f.
140	850	Erzkaplan Joseph, Angilbert, Erzbisch. v. Mailand, Noting, Bischof v. Brescia, Graf Adelchis	4	Rom	Als Vertreter des Kaisers in der Synode u. in dem vor derselben anhängig gemachten Prozess	Mansi 15,34, M. 1144a
141	850	legatus	1	Italien	Als Begleiter eines Pilgers	Transl. s Alexandri SS.2,677, M. 1106
142	851	Theodoricus consiliarius, bezw. sacri palatii obtimas	1	Cremona	Inquisition	Cod. Long. 303, M. 1148a, vgl. Cod. Long. 297, M. 1149
143	840 855	missi	?	Kloster Nantua im Jura	„	Bouquet 8,372 Nr. 10, M. 1120
144	855	Noting, Bisch. v. Brescia, Graf Pernhard	2	Eipilingen	Güterstreit	Meichelbeck 1[b], 350 Nr. 702, M. 1165a, 1370b
145	855	Graf Adelbert, Graf Bernard	2	Rom	Untersuchung der Wahl Benedicts III.	Vita Bened. c. 8, Lib. Pont. 2,141, Gregorovius 3[2], 125, Dümmler 1[2],393

Nr.	Jahr	Name und Stand	Zahl	Ort	Zweck	Quelle
146	862	„praecipui legati imperiales bezw. augustales"	?	Rom	Vermittler zwischen dem Erzbisch. von Ravenna und Papst Nicolaus I.	Vita Nicolai c. 23f., Lib. pont. 2,155 f., Gregorovius 3^2,130 f.
147	862	Teudilascius diaconus et capellanus, Teudimundus vassus	2	Lucca	Besichtigung eines Tauschobjektes	Mem. di Lucca 4^b,49
148	864 28/11	Walpert, Bisch. von Modena s.Anh. I. Nr. 176	1	Guastalla	Einweisung „ex iussionem imperatoris"	Cod. Long. 387, M. 1193, Ficker 2,13
149	865	Fulcricus capellanus et missus imperialis	1	Vendresse	Als Zeuge bei d. Versöhnung Loth. II. mit Thietberga	Hloth. II sacramentum P. 504 l. 18 f., Dümmler 2^2,133
150	866	Jotselmus	1	zw. Po und Trebbia	Durchführung des Heeresaufgebotes gegen Benevent	Hlud. II. Const. de exped. Benev. Nr. 218 c. 3, M. 1198, Ficker 2,125 f.
151	„	Eriulfus	1	zw. Po und Tessin	„	„
152	„	Erembertus	1	zw. Tessin und Adda	„	„
153	„	Landobertus	1	zw. Adda und Etsch	„	„
154	„	Teodoldus die Bischöfe Petrus und Arthemius	3	von d. Etsch bis Friaul	„	„
155	„	Teutmundus	1	Pisa, Lucca, Pistoja u. Luni	„	„
156	„	Rodselmus	1	Florenz, Volterra, Arezzo	„	„
157	„	Andreas	1	Cusium, Siena	„	„
158	„	Rimmo, Johannes, Bisch. von Tortona	2	Im Gebiet des Wido (Camerino)	„	„
159	„	Bisch. Hiselmund	1	Im Gebiet des Berengar (Spoleto)	„	„

Nr.	Jahr	Name und Stand	Zahl	Ort	Zweck	Quelle
161	866	Ermefridus, Macedo, Vulfericus	3	litus Italicum (Exarchat, Pentapolis)	Durchführung des Heeresaufgebotes gegen Benevent	Hlud. II imp. const. de exercitu prom. P. 505 c. 3, M. 1198, Ficker 2,125 f.
162	867	Missi principis	?	Rom	Als Bevollmächtigter bei der Wahl Hadrians II.	Vita Hadr. II c. 6, Lib. pont. 2, 174, Gregorovius 3^2,165
163	868	missi	?	„	Gericht über den Frauenräuber E.	Hincm. Ann. SS. 1,477, Gregorovius 3^2,169
164	850 870	Wifred, Graf v. Piacenza	1	Piacenza	Evindikation mit dem Ortsbischof	Campi 1,468 Nr. 22, M. 1620
165	870	Oto, Bisch. v. Bergamo, Oschis, Bisch. v. Pistoja, Bisch. Gariard (v. Lucca?)	3	Kalabrien	Abnahme des Treueides	Andreas Berg. c. 14, SS. rer. Longob. 227, M. 1212 f.
166	871	Adrald, Vizepfalzgraf	1	Trita (Campanien)	Streit um Klosterholden; Einweisung	Muratori SS. 1^b, 396 f., M. 1216c
167	871	Oschis, Bisch. v. Pistoja, Plato, Bisch.v.Pisa,Andreas, Bisch. v. Florenz, Markgr. Adalbert,Gr.Hildebrand, Ubald, fidelis noster	6	Lucca	Als Königsboten für Lucca mit dem Inquisitionsrecht	Mem. di Lucca 4^b,54, M. 1216, inseriert, Brunner 106, 189, Ficker 1,70
168	871 18/12	Bisch. Oschis	1	„	Investitur nach vorausgegangener Inquisition	ib. 52
169	873 1/1	Sanson,Gastalde „et missus in vice comitis palatii" (war Nr. 166 Beisitzer)	1	Trita bezw. villa Offerre	s. Nr. 166	s. Nr. 166
170	876	Ansegis, Erzb. v. Sens, Adalgarius, Bisch. v. Autun	2	Rom	„pro honore atque utilitate ecclesiae Romanae"	Mansi 17,22, Jaffé, Reg. 1^2, 3061

Nr.	Jahr	Name und Stand	Zahl	Ort	Zweck	Quelle
171	877	Abt Hugo, missus imperialis, Richardus comes et missus imp. s.Anh.I. Nr. 185	2	Piacenza	Als Zeugen im Testament der Kaiserin Angilberga	Campi 1,461 Nr. 13
172	879	Appo, vassus u. ministerialis	1	Lemunta am Komersee	Einweisung	Cod. Long. 496, M. 1546d
173	879	Gerard, Bisch. v. Lodi und der Gastalde Dido	2	Faedo	„	Cod. Long. 481 Nr. 286, auch bei Ficker 4,20 Nr. 15
174	879	„Idoneus e latere vestro (sc. Karoli III) legatus"	1	Rom	zur Unterstützung des Papstes	Mansi 17,111, 162, ep. 160, 217, Jaffé Reg. 1^2,3231, 3289
175	880 Aug.	„idonei et fideles viri e latere vestro"	?	„	„pro iustitiis faciendis Romanae ecclesiae"	ib. 184, 187, ep. 249, 252, Jaffé, Reg. 1^2, 3321,3324
176	880 Nov.	Graf Aldarich, iudex Grauso, missi directi	2	Turin	Als Beisitzer im Grafengericht	Mon. Patr. Ch. 1,63, M. 1562, Ficker 2,126
177	882	Adelard, Bisch. von Verona	1	Ober-Italien	Als Beistand des Papstes gegen Wido	Mansi 17, 214 ep. 293, Jaffé Reg. 1^2,3377
178	891	Ragifredus, iudex et vassus imperatoris s.Anh.I. Nr. 189	1	Umgegend von Mailand	Tausch	Ficker 4,21 Nr. 17
179	896 Okt.	Pfalzgraf Maginfred, Waldo, Bisch. v.Freising	2	Pavia	Güterstreit	Cod. Long. 613 Nr. 370, Dümmler 3^2,378, Ficker 1,319
180	901	Grimoaldus, vassus et missus	1	„	Als Genosse des ständigen Missus, des Bisch. Johannes v. Pavia	Mon. Patr. Ch. 1,97
181	901	Wallerus vassus et missus	1	Rom	Investitur	Mem. di Lucca 5^c,639 Nr.1768, B. 1460, Gregorovius 3^2,254

Nr.	Jahr	Name und Stand	Zahl	Ort	Zweck	Quelle
182	905	Bertaldus, vassus et missus s. Anh. 1. Nr. 198	1	Parma	Bestätigung einer Schenkungsurkunde K. III.	Affò, Parma 1, 340 inseriert, Hegel 2,43 n.
183	910	Ganso, vassus regis	1	Cremona	Streit wegen Abgaben	Cod. Long. 760, Ficker 1,320
184	910	Odo, vassus et missus da parte d. regis	1	Monza	Tausch	Cod. Long. 753
185	912	Odo vassus et missus	1	„	„	ib. 775
186	929 10/6	Lanfrancus, index d. regis	1	Mailand	Erlaubnis zum Verkauf von Gütern	ib. 905 Nr. 531, auch bei Ficker 4,28
187	941	Gansbertus, gastaldius et missus dominorum regum	1	Monza	Tausch	ib. 966
188	945	Ildoinus, vassus des Bisch. Aribald v. Reggio	1	Reggio	Güterstreit	Muratori Ant. 1, 463, Ficker 2, 43 n. 2

Deutschland.

Nr.	Jahr	Name und Stand	Zahl	Ort	Zweck	Quelle
189	845	fideles legati	?	Thüringen	Schlichtung des Streites zw. Hersfeld und Mainz	Lamberti Ann. SS. 3,47, M. 1346a
190	839— 845	Ruadloh „in vice eiusdem comitis a parte palacii missi"	1	Gegend von St. Gallen	Zeugenaussage	Wartmann 2, 685 Nr. 4, Dümmler 2², 444 n. 1
191	846 847	missi	?	Gegend von Reims	Güterstreit	Flodoard Hist. Rem. III, 27 SS. 13, 547, Schrörs 519 Nr. 12
192	849 13/11	missi	?	Kostheim (b. Mainz)	Zeugen bei einerTradition	Sauer, Cod. dipl. Nassoicus 1,28 Nr. 62

Nr.	Jahr	Name und Stand	Zahl	Ort	Zweck	Quelle
193	851	Salomo, Reginolf	2	Ostrach	Zeugen bei einer Freilassung	Wartmann 2,37, Dümmler 2², 444 n. 1
194	847—854	Iring	1	Gegend vom Kloster Kempten	Inquisition	Mon. Boic. 30a, 387, dazu Brunner 114,
195	858	Gunzo, Bisch. von Worms	1	Speier	Besichtigung von Gütern	Remling, Urk.-B. z. Gesch. d. Bisch. v. Speier 1,5, M. 1393, Dümmler 2², 444 n. 1
196	860	Odalricus comes et missus	1	Steinamanger (östl. von Graz)	Grenzabsteckung u. Investitur	Zahn, Steierm. U.-B. 1,10 Nr. 7, M. 1402, Dümmler 1. c.
197	843—864	Kerold, comes seu missus regis	1	Winterthur	?	Wartmann 2,9, Dümmler 1. c.
198	864	Buobo vassallus	1	Kölliken im Aargau	Investitur	ib. 117, M. 1412
199	865	Herlovinus missus	1	Rheingau	Ausmessung von Land	Chr. Lauresh. SS. 21,371, M. 1416, Dümmler 1. c.
200	867	Hildeboldus missus	1	Argengau	?	Wartmann 2, 140, Dümmler 1. c.
201	870	missus noster	1	Aachen	Ausmessung von Land	Beyer 1,118, M. 1440
202	871 29/3	missi regis	1	?	Vertreter des Fiskus bei Markttheilung	Coll. Sang. 10, 403
203	872 14/4	Hildebold, missus	1	Friedrichshafen	Als Zeuge bei einem Tausch	Wartmann 2, 171, Dümmler 1. c.
204	842 872	Grimald, Abt von St. Gallen, die Grafen Ato, Wilhelm, Alboin	4	Gegend von Ravensburg	Inquisition	ib. 397 Nr. 21, Dümmler 1. c.
205	876	Adilbert	1	Eschenz	Vornahme eines Gütertausches	Cartul. v. Rheinau 20, M. 1535, Dümmler 3², 629 n. 3

Nr.	Jahr	Name und Stand	Zahl	Ort	Zweck	Quelle
206	874 876	missi regis	?	Wasgau	Untersuchung wegen eines Güterstreites	Flodoard Hist. Rem. III, 26 SS. 13,544
207	878	Adilbert missus dominicus	1	Hagen bei Lörrach	Zeuge bei einem Tausch	Cartul. v. Rheinau 30 Nr. 20, Dümmler 3², 629 n. 3
208	880	missi	?	Reims	Zum Schutz der Stadt beim Einfall Ludwigs II.	Hincmar Opp. Migne 126,494, Dümmler 3², 131, Schrörs 555 Nr. 490
209	882 10/5	Ruadpert	1	Oberndorf	Stellvertreter des Grafen (missum inperatoris in vicem comitis)	Wartmann 2, 229 Nr. 620, Dümmler 3², 629 n. 3
210	883 24/10	missi principales	?	Wohl in der Gegend von St. Gallen	Zeugenverhör	Form. Sang. misc. 10,384
211	882— 887	missi imperatoris	2	„	Beilegung eines Güterstreites durch Theilung	Form. Sang. misc. 9,384
212	886 11,11	Salomon, Bisch. v. Constanz, Graf Kozbert, Abt Ruadhous, Graf Hiltebold	4	Winterthur	Zeugen bei einem Tausch	Wartmann 2, 260, Dümmler l. c.
213	887	missi	?	Rom	„qui causam iudicent et eosdem legatos deducant"	Neues Arch. 7 159, Dümmler 3²,276
214	893 7 5	Hildebald, „de camera ac palatio transmissus"	1	Gegend von Zürich	Beilegung eines Streites	Mittheilungen d. antiq. Gesellsch. in Zürich 8, Beil. 20, Dümmler 3²,487 n. 4, Waitz 7,176

Vita.

Ich, Ernst, Erwin, Victor Krause, evang. Confess., wurde geboren am 16. August 1865 zu Striegau in Schlesien als das jüngste Kind des verstorbenen Kaufmanns und Fabrikbesitzers Robert Krause und seiner verstorbenen Frau Rosalie geb. Zimmer. Nachdem ich den ersten Schulunterricht auf der höheren Bürgerschule meiner Vaterstadt genossen, besuchte ich von Michaelis 1877 ab die Gymnasien von Öls (bis Ostern 1883) und Liegnitz. Ostern 1885 mit dem Zeugnis der Reife entlassen widmete ich mich Sommer-Semester 1885 in Tübingen und darauf ununterbrochen an der Universität Leipzig dem Studium der Geschichte. Im Laufe dieser 4 Jahre hörte ich die Vorlesungen der Herren Professoren: Arndt, v. Gutschmid (†), Heinze, Kögel, v. Kugler, Maurenbrecher, Overbeck, v. Pflugk-Harttung, Ratzel, v. Richthofen, v. Schwabe, Voigt, Wundt, Zarncke und der Herren Privatdocenten: Dr. Busch und Dr. Erler, nahm Teil an den Übungen des geographischen Seminars und war seit SS. 1886 Mitglied des Königl. historischen Seminars (Abteilung für Verfassungsgeschichte unter Leitung von Herrn Professor Arndt und Abteilung für mittelalterliche Geschichte unter Leitung von Herrn Professor Maurenbrecher). Allen genannten Herren bin ich zu Dank verbunden, besonders ist es mir eine angenehme Pflicht, auch an dieser Stelle meinem hochverehrten Lehrer, Herrn Professor Arndt, meinen wärmsten Dank abzustatten, welcher nicht nur diese Arbeit veranlasst und sie mit stetem Wohlwollen begleitet hat, sondern überhaupt von nachhaltigstem und förderlichstem Einfluss auf meine Studien gewesen ist.

www.ingramcontent.com/pod-product-compliance
Lightning Source LLC
Chambersburg PA
CBHW020138170426
43199CB00010B/795